颠覆 定位

新时代下的企业品牌定位利器

李宝华◎著

洞察市场机会
定位实现企业重生
助推中小企业腾飞
引爆品牌核动力

中国财富出版社

图书在版编目（CIP）数据

颠覆　定位 / 李宝华著 . —北京 : 中国财富出版社 , 2019.1

ISBN 978-7-5047-6847-6

Ⅰ. ①颠… Ⅱ . ①李… Ⅲ . ①企业管理—品牌战略—研究 Ⅳ . ① F272.3

中国版本图书馆 CIP 数据核字（2019）第 014080 号

策划编辑　周　畅　　**责任编辑**　张冬梅　周　畅

责任印制　梁　凡　　**责任校对**　孙会香　卓闪闪　　**责任发行**　董　倩

出版发行　中国财富出版社

社　　址　北京市丰台区南四环西路 188 号 5 区 20 楼　　**邮政编码**　100070

电　　话　010－52227588 转 2048/2028（发行部）　010－52227588 转 321（总编室）

010－52227588 转100（读者服务部）　010－52227588 转 305（质检部）

网　　址　http://www.cfpress.com.cn

经　　销　新华书店

印　　刷　北京凯德印刷有限责任公司

书　　号　ISBN 978－7－5047－6847－6/F・2981

开　　本　710mm×1000mm　1/16　　**版　　次**　2019 年 10 月第 1 版

印　　张　14.5　　**印　　次**　2019 年 10 月第 1 次印刷

字　　数　184 千字　　**定　　价**　68. 00 元

序言　新时代定位定天下

时代是个宏观大概念，新时代意味着行进在通向未来的路上。从经济大环境看，我国正处在一个重要的分岔路口，企业面临各种问题，而最大的问题就是竞争重心的转移。

以往，产品的价值在于产品本身，竞争的重心在企业、工厂。生产什么品类的产品、生产多少产品、产品如何定价都是企业说了算。

竞争重心转移到市场后，掌握渠道的人成为王者。马云打造的阿里巴巴能在市场上掀起巨浪，就在于它有极广的渠道。当今市场，竞争已经白热化，产品同质化严重。在这样的背景下，谁能够抢占消费者心智资源，谁就是赢家，竞争的重心已经由市场转移到消费者的心智资源，消费者几乎完全掌握了企业的生杀大权。而新时代下，产品的价值在于满足消费者需求。

商业的本质就是抢占消费者心智资源，如今的时代不仅是供大于求的时代，更是供远大于求的时代，消费者不再只是选择产品，而更倾向于选择品牌。

孙子云:“先胜而后求战。”然而很多企业忽略了战略，只关注战术，这是十分危险的。企业只有在进入激烈市场竞争前，认真确认好战略，才能打赢战役。而改变战略其实是思维上的一种改变与颠覆。比如，很多人认为，现在还是拼市场的时代，实际上市场大赢家是那些抢占潜在消费群体心智资源的企业，这也是定位理论的基本概念。

尽管低廉的成本曾让我国成为世界第一的制造大国，然而人力成本的上升、环境污染、创新需求的增强，无不倒逼企业更好地对自己的产品进行定位。只有这样，新时代下，企业才能尽快抢占消费者心智资源，才能赚更多的钱，才能从容应对来自国内外无处不在的竞争。

定位理论最早于 1969 年由杰克 · 特劳特提出。他在自己的书中表示，战略就是面对竞争对手，确立自己最具优势的位置，而这恰恰是定位要做的事情。特劳特定位四步法主要有以下步骤：第一步，分析外部竞争环境；第二步，避开竞争对手优势，攻击其弱势，确立优势地位；第三步，为这一定位寻找可靠证明——信任状；第四步，整合企业资源进行传播，将这一定位植入消费者心智。

新时代下，哪家企业能够重新自我定位，不断根据时代和经济的变化调整战略和定位，就能抢占先机。

尽管定位理论在 20 世纪 90 年代被称为“有史以来对美国营销影响最大的理论”，《定位》一书也于 1991 年在中国大陆出版，但是时至今日，我国企业对定位理论依旧知之甚少。

序言

天堂鸟经过多年的策划实践和理论认知，整合了我国传统文化元素，将定位理论加以创新，致力于定位理论的本土化和落地，形成了独特的三大智慧和九大定位系统。笔者希望通过此书与社会各界、企业同人一起对品牌定位加以探讨，以此丰富我国的品牌创意和策划理论。

未来商战不在工厂，不在市场，也不在渠道，而在消费者的大脑里。全球经济竞争需要我们惊醒而立、立而起行。我们不得不喊出这样一句口号：定位准，则品牌强；品牌强，则中国强。

任何企业定位背后的基本逻辑都是以"消费者心智资源"为中心的，归根结底是产品能给消费者解决什么问题、提供什么服务，企业赚钱的过程就是占领消费者心智的过程。

中国品牌只有找准定位，给消费者一个非买不可的理由，才有机会冲向世界大舞台。

2018.12

目录
CONTENTS

第三章　战略定位

——定未来方向，为经典传承

第四章　价值定位

——塑品牌价值，扩大需求度

目录

第五章　品牌定位

——拼核心主张，造热销爆品

第六章　口号定位

——拥有独特性，非买不可

第七章　产品定位

——工艺精中求，占领第一心智

第八章　区域定位

——放大格局观，满足个性需求

第九章　文化定位

——寻文化源头，做行业翘楚

第十章　明星定位

——扩大传播面，塑绝对优势

第十一章　竞争定位

——做与众不同，发挥市场专长

第一章

新时代企业最大的竞争对手是自己

第一节
新时代企业蜕变之道——认清自己

如果用一个词概括当下我国企业的现状，那就是“过剩”。当下，产品过剩、产能过剩、规模过剩，无论身处传统行业还是新兴行业，企业在新时代面临这些问题时，都在谋求转型、创新和蜕变，只求生存。甚至有专家预测，未来能成功转型的企业不会超过 10%，绝大多数企业都会消失。我们不禁要问，为什么大多数企业的蜕变是只蜕不变呢？

从整个经济环境上看，创新和核心技术更新速度愈来愈快，而能够紧跟技术潮流的企业又是凤毛麟角，这其中能够在激烈的竞争中持续拔得头筹的更是少之又少，往往是“城头变幻大王旗，各领风骚三五年”。

从企业内部环境上看，很多企业不重视战略和定位，无论外部经济环境怎么变化，其战略、定位、组织和文化都原封不动地停滞在最初的阶段，没有及时做出改变和调整，一直“以不变应万变”，结果自然是被淘汰。

其实这种现象从生物进化角度来看就比较容易理解。比如，每次极端恶劣气候变化之后，都会消失许多的物种。达尔文在《物种起源》中表示，那些能幸存的物种不是最强大和最聪明的物种，而是最能适应外部变化的物种。同理，能够适应经济环境变化的企业才能生存下来。作为社会物种的企业，只有积极调整自身的战略和定位，认清自己，改变自己，才能得以生存。

IBM经历了多次转型，从以大型计算机为目标，到分布式计算系统的战略转移，到把重心放在服务与软件上，再到成为一家认知解决方案云平台公司，IBM在所有人的看衰中，实现了逆袭，上演了一幕幕“大象跳舞”。

这样的情况也并非只有我国存在，在全世界都是有迹可循的。我们熟知的 IBM（国际商业机器公司）、通用电气等大型跨国企业，尽管都是百年老企业，但是随着在竞争中的不断转型和重新定位，它们做的事情已经远不是百年前的那些了。

通用电气公司是世界最大的提供技术和服务业务的跨国公司。2017年11月，时任通用电气CEO（首席执行官）的弗兰纳理宣布将把通用电气核心业务浓缩为三个：电力、航空和医疗保健。

时至今日，在消费者已经掌握了主导权的时代，最重要的是如何占领消费者心智。占领消费者心智的前提是企业认清自己，并厘清自己的战略和定位。做企业既要立足现在，也要谋划未来，这就需要认清自己。

所谓认清自己，就是对企业的产品、销售、服务、市场、目标消费群、分销渠道、盈利情况有清晰的认知。作为企业领导者，你必须明白自己的产品主要卖给谁？吸引消费者的卖点是什么？产品的最大优势是什么？差异化如何？产品的价格如何？盈利如何？

认清自己也是一个找短板的过程。木桶定律表明，木桶的容量是由最短的那块木板决定的。企业想要决胜未来，就要认清自己的短板，补齐短板，并发挥最大优势“扬长避短”。比如，在社交 App（手机软件）领域，有什么产品能与腾讯 QQ 和微信相提并论吗？无论是在市场、用户、资源上，还是在技术、资金上，其他企业都没有与之抗衡的优势，正面搏杀只会“死”得很惨。

企业只有避开竞争对手的优势，选择另辟蹊径、扬长避短，才真正符合《孙子兵法》所说的“故善用兵者，避其锐气，击其惰归，此治气者也”。

而企业认清自己的关键还在于明晰战略和定位。也就是说，企业必须清楚回答一些关于战略和定位的问题，不能有丝毫马虎。企业一直以来成功的秘诀是什么？企业发展最大的优势是什么？是关键性技术还是资金优势？抑或服务优势？人力资源优势？优质客户群主要指的是哪些人？他们最喜欢的是产品的哪一点？最不满意的是什么？有哪些潜在客户……

企业只有在风云变幻的经济环境下客观看待自己、认真检查自己、客观描述事实，才能为以后的精准定位和战略布局打好基础。

有人的地方就有江湖，有市场的地方就有竞争。消费者占据主导的时代对任何一家企业来说，都充满了挑战和机遇。挑战不仅来自国内外同行、来自消费者个性化需求的不断增长，也来自企业自己。谁能够认清企业的情况、沉着应对严峻的竞争局面、尽快看清自己、尽快找到自己的战略和定位，谁就能少走弯路，率先占领消费者心智。

第二节
自破自立，成就赢的艺术

企业最大的竞争对手不是国内外同行，而是只想原地踏步、不愿做出改变的自己。企业不是只要找到市场并进入就能成功的。信奉战略和定位的企业，也都曾经历过迷惘、沮丧、质疑，甚至想到过退缩和放弃。准确找到定位不容易，实施匹配的发展战略也不容易，这期间需要太多的“断舍离”。尤其是在遇到困境时，是抛弃原有的旧市场、旧资源、旧思维、旧习惯，还是独辟蹊径，另寻“新主场”？这都是考验企业家战略眼光和智慧的时刻，更是企业家展现魄力的时刻，成功与否就看你是否具有改变自己的勇气。

这也就是说，企业不能只盯着眼前的利益，否则走不远。企业需要做的是重新审视和定位自己的产品，思考自己处于什么行业，产品主要面向的客户是谁。

企业更要用具有战略性的眼光看问题，比如，别以为摄影公司只做摄影，图书公司只做图书策划和出版，否则你就患上了“短视症”。可以换一个视角——摄影公司处于服务行业，图书公司处于媒体行业。只有这样，当互联网摄影网站和平台兴起时，摄影公司才会以更开放的姿态去改进和整合自己的资源，进行营销。因为无论是否借助互联网，它们实际上面对的目标消费群和需求都是一样的，这一需求就是获得服务。

因此，企业赢得消费者心智资源的关键不是以“如何经营产品”为中心，而是换位思考，以“满足和经营消费群”为中心。只有这样，才会有更大动力追求企业战略和定位的改变，才能避免抱残守缺的“短视症”。

一是企业不应该对自己的产品和技术过于自信和乐观，不要认为质量好的产品一定能轻松占领市场，要知道企业成功是多方面因素的结果。二是别把产品等同于行业或者产业，产品再好也有被潜在竞品超越的可能。三是不可忽视消费者的需求及其变化，别只执迷于产品技术的改进。

比尔·盖茨经常对他的员工们表示，距微软破产永远只有 18 个月。这是什么意思呢？他这样是为了让大家放弃自恃清高的姿态，摆正心态，别以为微软就了不起、就垮不了，这就是自破自立。

企业破的是假象、不合理的地方，立的是真相、合理的定位和战略，即为了消费者真正的需求、为市场创造好的产品。

其实，这也不难理解，尽管国内不乏生产马桶盖、电饭煲、奶粉的企业，消费者却更愿意跑到国外去买，即使价格再贵也不介意。显然所谓的产品过剩，不是因为消费饱和，而是因为国内产品没能完全满足消费者的需求，只有数量过剩。问题焦点回到消费需求升级，产品和服务要求越来越高，但是企业还在抱残守缺，即使不断降低价格，也依旧没能改变悲惨的局面。归根结底，中低端的供给满足不了中高端的消费需求。

当然，国家正是基于此，提出了供给侧结构性改革。而对企业来说，改革的重点就是破和立。

1. 破传统思维，立服务性思维

所谓传统思维，就是买和卖的思维。比如，在大多数人看来，华为是个手机生产制造商，但实际上它提供的是先进的通信服务和信息技术，其硬件生产只是一个载体罢了。就好比卖护肤品，卖的不只是产品，更重要的是普及护肤、美容、化妆的知识，告诉消费者如何选择适合自己肤质的产品，从而引导和指导消费者。玫琳凯、雅芳、完美等都是这么做的。

这其实是从根本上培养潜在客户，是通过改变消费者对护肤美妆的认知来达到营销的目的。这是很有效的做法，但前提是你的产品品质过硬，已经在同行中处于领先水平。

2. 破中低端定位，塑品质，立新形象

小米曾经依靠饥饿营销以迅雷不及掩耳之势迅速占领市场，但如今也出现了增长乏力、难以升级换代等问题。究其原因，就是小米主打的红米手机定位于中低端消费人群，其在消费者心智中已经固定的形象难以突破和改变。

而想要重塑形象、突破已有定位，就必须持续提高核心竞争力，确定自己的个性化特点。这就要求企业必须告别亦步亦趋的节奏，加快创新的步伐，提升产品附加值，甚至创造新的产品附加值。

3. 破单打独斗，建立联盟和平台

新时代下，只有以联盟的方式，保证有效资源共享的最大化和最优化，才能实现行业和区域资源整合和升级换代，才能更有利于企业的新陈代谢和产能优化。可以在农业和制造业嫁接服务产业，用资本打通供给侧，用服务思维打通企业隔阂，互联互通，建立行业联盟，实现集体突围、突破。

在同质化产品居多，甚至已经饱和和过剩的时代，能够“赢在中国，立足世界”的企业不是靠把产品销售出去得以站稳脚跟，而是在产品决策之前能够认清自己的优势、弱点，自破自立；不是靠与同行正面厮杀抢占市场份额，而是不停自我完善、自我攻击，围绕战略定位和矫正自己来不断占据消费者的心智资源。

第三节
颠覆定位，与时俱进

以我国冰箱行业为例，20世纪90年代，冰箱质量参差不齐，海尔等品牌迅速崛起。但进入2000年以后，整个行业进入成熟期，冰箱核心制冷技术并没有太大差别，于是企业开始在服务上下功夫，免费送货、上门安装、清洁、维修。但消费者要求越高，企业担负的成本就越大。于是，冰箱行业进入价格战阶段。

提到王老吉，大家想到的就是“怕上火喝王老吉”；提到清扬，大家想到的就是“男士去屑”。这都是把定位理论发挥到极致的经典案例。但是从定位理论诞生到现在，已经过去了 50 年之久，当今社会无论是经济水平还是竞争模式、消费模式都发生了根本性的变化。任何一个理论都不是完美的，传统的定位也需要与时俱进：它在为企业迅速找到区别于对手的差异化优势时，并没有跳出本行业边界，这就给自己留下了一个“后门”。一旦整个行业进入成熟期，所谓的差异化就会很快被模仿和超越，企业将难逃同质化竞争的宿命。

因此，企业需要颠覆定位，即不在行业内定位竞争对手，而是助推企业突破已有框架，延长生命周期，实现品类的差异最大化。

1. 颠覆“定位是万能钥匙”的思维，逆流而上

定位的核心思维是以竞争为基础，通过不断细分、创新品类、做差异化的产品，让企业成为新品类代言人，以拓展新的消费市场和消费群。定位的关键是“我是谁”“我与同类产品，尤其是最大的竞争对手有什么区别”。比如，方太——中国高端厨电专家与领导者；唯品会——一家专门做特卖的网站。

提到家居，消费者大多想到的是轻松舒适的家庭场景，而与传统卖场相比，宜家则选择“逆流而上”：卖场内服务人员少得可怜，顾客只能自行提货，甚至还可以将家具自行运回家、自己动手组装（不选择配送、安装服务）。宜家通过放弃行业内多数竞争对手的期望价值诉求，实现了与整个品类的差异化，同时针对行业内多数竞争对手的弱项提供极致体验。

这样直接借助大频率广告传播的理性定位，尽管也可以迅速占领消费者心智，但这种占领的延续性差，因为没有太多感情的偏好在里面。人的左脑掌握理性思维，右脑负责感性思维。而消费者购买决策的下达是理性思维和感性思维共同作用的结果，甚至感性思维经常打败理性思维。因此，颠覆“定位是万能钥匙”的思维，就是不要只注重产品策略，还要注重品牌战略。

2. 颠覆现有行业边界，开创新品类

传统定位理论强调的是，产品区别于同类产品，满足消费者心智需求，通过竞争抢占消费者心智资源。而现实竞争中，品类众多，消费者都存在主观上先入为主的情感偏见。想要颠覆定位、重塑形象，就必须打破传统逻辑思维和现有行业边界，开创新的子品类。

> 斯沃琪会定期推出新品，一换季就撤下没卖出去的手表，其限量款手表更是备受追捧。斯沃琪一度把定价统一为40美元，使购买者把买手表费脑筋挑选的理性消费，变成了简单的感性消费，冲动消费一下子被激发出来，斯沃琪一举从原行业的追赶者变成了新行业的领导者。

以手表为例，一般情况下，手表除了作为报时工具，还可以作为装饰佩戴。但无论革新了多少技术，已经进入成熟期的传统手表行业，难以避免地出现了产品同质化严重的倾向。此时，斯沃琪（SWATCH）却借鉴时尚行业做法，把手表和装饰结合，做成像手镯一样用来搭配的时尚饰品。消费者选择购买不是因为它设计多么精巧，而是因为它能够适应不同场合和衣着。斯沃琪代表的不仅是新型优质手表，更传达了一种理念：手表也可以是一种时尚单品。

对于“我是谁”这个定位的问题，斯沃琪颠覆了手表计时和珠宝的定位，挑战惯性心智，用时尚产业重新颠覆创新定位。

3. 颠覆高效扩张策略，定位单一

世界进入消费者主权时代，消费者不仅是主宰者，更是产销者。也就是说，消费者可以参与产品的设计、生产，然后会竭尽所能推销自己喜欢的品牌，即通过单一品类输入确定“粉丝”群，再到“粉丝”定位的延伸。

比如小米的“粉丝”营销，从小米手机到小米盒子、电视、耳机、电脑等，都备受“米粉”追捧。百度也通过开放搜索引擎业务，逐渐扩张到社区服务、游戏娱乐领域。

4. 颠覆去中心化传播，多元高效传播

定位传统理论诞生在传统纸媒占据主流市场的时代，那时的媒体更具有说服力和权威性。因此，那时的品牌定位会很快传播到消费者心智中。但是在信息化时代，媒体的多元化、信息的碎片化，都使得媒体的权威性被淡化，这就导致了品牌定位的传播效率低下。

而且，消费者的经济情况、消费方式都发生了质的变化，心智资源不再单单是人脑，而是变成了“人脑 + 电脑”的组合。这就是说，企业在做品牌定位宣传时，一定要围绕关键词进行多角度、立体式的传播，比如把产品卖点、企业信息、品牌信息等通过多渠道传播。

在这个产品过剩的时代，中国正在由制造大国向创造大国迈进，定位的理论和方法也应该与时俱进，企业在求生存的同时，要努力找准自己的战略和定位，重塑形象，走向更大的舞台。

第二章

定现在

——定位的产生与本质

第一节
新时代，企业的下一步机遇在何处

十九大报告作出了“中国特色社会主义进入新时代”的重大判断。这不仅表明了我国经济结构的调整和环境的改变，也意味着未来将更注重质的提升。从经济增速变化看，我国GDP同比增速从2010年1月最高的12.2%降至2016年1月的6.7%，这是L型增长，之后GDP同比增速在6.7%~6.9%之间波动，经济增速放缓。与此同时，经济结构也在不断调整和升级中。截至2017年3月，我国第三产业已经在GDP总量中占据了半壁江山，贡献了高达60%的成绩。

新时代，整体经济环境更加趋于平稳，收益更加趋于合理化，产业组织结构更加优化，产品及行业集中度更加密集，我国企业逐步走向国际化。纵观整个中国的产业格局，无论是消费水平还是科技行业营收，都呈现逐年走高的趋势。从 GDP 支出上看，消费和投资比重相当，但是消费略高于投资。这说明，消费成为拉动促进经济发展、拉动需求的主要支撑点。

正所谓“按图索骥”，如果路变了，地图还是旧的，那么你一定找不到新的位置。如今企业之间的生存竞争非常激烈，那么固守经验和传统几乎是死路一条。即使你曾经辉煌或者成功，抱残守缺也终归难逃厄运。

企业家只有具备敏锐的嗅觉，及时嗅到新时代的“味道”，才能及时调整定位、颠覆定位，勇敢迈出自我革新的第一步，实现时代的跨越。

这个新时代就是数字时代。数字时代和工业时代最大的区别在于，增长不再是可预测的，而是非连续的，这将为企业带来巨大挑战。挑战就意味着变革，变的是做企业的战略、定位和思维。

相比于传统的工业时代，数字时代，无论是产品的换代、市场的更新，还是客户的细分、行业的重构都在悄然发生变化，企业不应只停留在关注自己赚了多少钱上，而应该转变思路，把精力放在满足消费者的个性化需求上。而且，在数字时代，强调的不是企业占有多少市场份额，而是人人都是市场、都可以是你的潜在用户，市场被无限细分。

作为企业的“一家之主”，我们的注意力不应该局限在“当下存在什么问题”上，而是应该放眼未来。只有从根本上改变企业发展的方式，才能改变“兵来将挡，水来土掩”的管理思维。只有改变这种价值获取和经营的思维定式，才有机会实现新的发展。

我国不具备国外大工业时代的经济环境，因此我国企业既没有太多经验可以借鉴，也形成不了那么大的规模、具备不了那样的条件。然而，世界经济环境的全球化又迫使我们与国外企业站在同一个起跑线上。

但其实，能够进入消费者视野并占领其心智资源的，不是所谓的大企业，而是那些影响力大的企业。影响力从何而来？影响力不是靠规模，而是靠其创造的价值。我们乐于用“有远见、有见地、有愿景、有朝气、充满活力、善于创新”等词语来形容所谓的大企业。而像腾讯、阿里巴巴这样的企业之所以能够有大的影响力，就是因为它们能够影响每个人的学习、生活，甚至全世界的未来。

2017 年 4 月在全球企业市值排行榜中，腾讯和阿里巴巴两家中国企业名列前茅。而在 2018 年 7 月公布的世界 500 强排行榜中，前十强就有 3 家中国企业。世界 500 强排行榜中，我国有 120 家企业入选，我国企业的影响力可见一斑。

对整个世界来说，一批意气风发的中国企业正在努力朝着世界大舞台前进。新时代，我们有的是机会，也将面临重重考验。机会随处可见，企业最重要的是把握住机会，找到自己区别于其他企业的优势，发挥自己独特的价值创造能力，创造出能够影响世界的产品，真正占领消费者的心智，用独一无二的产品、商业模式和品牌说话。

第二节
新时代，中国企业要在定位上有所作为

智者能够因地制宜、因时而变、因势而进，做企业的人更应如此。面对经济环境大势，企业家只有做出准确的选择和定位，才能真正赢得生存的契机并站稳脚跟。

实际上，做企业想要成功，就必须在定位上有所作为。定位就是方向和战略选择，是关乎企业生死的根本。尤其是中小企业，面对在国内外大企业夹缝中求生存的局面，只有确定好定位才能迅速找准方向、在转变产业结构的巨变中充实自己，才能成功突围并生存下来。而定位的重中之重是明确产品和品牌是为谁服务的。

经济大环境每分每秒都在发生巨变，中小企业想要在竞争中生存并流芳百世并不容易。中小企业只有依靠品牌定位，才能实现可持续发展。

明确了自己的消费群，才能有针对性地构建和创造产品的差异化，才能使自己的产品真正区别于同类产品，才能在消费者心智中占有一席之地。而中小企业在做定位时，需要避开前沿科技行业或者热门行业，也应该避免进入面临淘汰

的夕阳产业。因为无论从资金、技术，还是从经验、业务、品牌知名度上来说，中小企业都无法与大企业抗衡，但是中小企业可以考虑充当市场的候补者或者利润同盟军的角色。

就目前而言，中小企业对品牌定位的理解和认知仍存在一定的误区，这阻碍了其真正实现自我突破和发展的进程。

1. 缺乏颠覆定位的思维

市场日新月异，竞争已然白热化，大多数行业都已经进入成熟期，都面临产品过多、品类越来越细化的局面。但是，仍有一部分中小企业只愿意通过价格竞争的方式占领市场，没有把注意力放在产品品牌经营和维护上，更对品牌定位缺乏足够的认识。更有甚者认为把钱花在品牌经营上是一种浪费，更乐于资本的积累。实际上，这些都是短视行为，忽略了企业的长期发展、定位的问题。

2. 定位过于茫然、仓促

尽管定论理论传入我国已经有 20 多年，许多中小企业在品牌定位上的认识仍过于肤浅，因此制定的定位战略和制度都不够完善。这可能直接导致企业品牌定位不够准确，引发多次定位，进而对产品生产及市场开拓造成一系列不必要的麻烦。

3. 定位不够准确

企业定位之所以会产生偏差，就是因为没有准确了解消费者的内在需求，无法让自己的产品被消费者记住，不能占据消费者心智资源。实际上，能够对企业和品牌进行准确定位的还是少数，绝大多数企业都输在“与企业实际情况脱节”上。因此，产品同质化严重，没有特别的卖点和优势。任何一个品牌从默默无闻到街知巷闻，再到对整个世界产生巨大的影响，都需要相应的产品和品牌来支撑，否则就会给消费者“假大空”的感觉。定位过低，企业和产品会给消费者一种中低端的感觉，不利于企业转型发展；而定位过高，则会出现难以收场的局面，会损害企业的形象和声誉。

4. 颠覆定位创新不够

创新是企业生命力的源泉，也是满足消费者需求的动力。定位理论毕竟是舶来理论，因此必须结合中国国情和企业实际情况进行运用，既要对其进行颠覆，也要有所创新，还要与企业基本情况相结合。

这也就不难解释为什么中小企业中虽然出现了许多口碑和效益不错的品牌，但就是无法实现品牌延伸和生命周期的延长。其实就是企业对定位理论的创新不够，忽视了自身核心技术的开发，放弃了产品的深度开发和利用。

新时代的到来，对于中小企业来说，意味着更多的机会，也意味着将要面临更激烈的挑战。只有准确的品牌定位才能够帮助它们实现自我突破，走出国门，走向国际大舞台。可以说，品牌定位是企业快速蜕变和成长的利器。

中小企业想要准确定位、塑造优质的品牌，要走好以下三步。

第一步，用全新的国际化形象包装自己。广告的传播之所以有“穿透力”，是因为它能够向消费者传达美好的愿景和其所期望的感觉。同理，知名品牌与无名品牌的产品质量或许差异不大，但是知名品牌国际化的包装和品牌形象，在无形中传递了一种信任感和好感。而无名品牌却无法给人那种冲击力，也没有给消费者留下深刻印象。要先为品牌定位国际化的形象，再找代言人为其“正名”，吸引更多的“粉丝”关注。只有有了全球范围内的消费和认知基础，受众面才能更广，才更容易被全世界的消费者所接受。

第二步，民族的才是世界的，中小企业的核心定位和价值还应该根植于民族性。正如舍得酒业提出的“舍与得”文化，这种放之四海而皆准的中国千年文化精髓，也注定了舍得能够成为国际化品牌。

第三步，要有世界性的战略布局。对于扎根于三、四线城市，甚至五、六线城市的中小企业来说，想要实现一步步突破，就必须接受循序渐进的过程，企业需要有从区域性品牌到全国性品牌再到世界品牌的阶梯式发展战略布局。

总之，在新时代，所有品类产品的设计、生产、销售都

颠覆 定位

面临同质化现象，对于企业来说，做好定位就显得格外重要。只有明确定位，确定差异化和发展方向，才能最终实现可持续发展。

第三节
品牌定位的重要性

何谓定位？一个产品、一家企业、一所学校、一个人、一个项目都可以做定位。定位理论传入中国后，成功助力唯品会、瓜子二手车、香飘飘、加多宝等品牌重新进行品牌定位。品牌定位有以下几个理论基础。

行业进入成熟期以后，企业之间的竞争不再是产品之争，而是心智资源之争，是企业在对市场和消费人群分析基础上的，企业文化及差异化的商业性决策之争，是构建品牌形象与特质的过程。

1. 接受与厌恶原理

人们喜欢看、愿意接受自己喜欢的东西，对不喜欢的事物则能躲多远就躲多远，甚至会感到有些厌恶。而企业品牌的定位则恰恰是通过媒体传播，引导人们对产品产生向往。

2. 消费习惯

每个人都有自己的消费习惯，这种习惯是在长时间的购买和消费行为中形成的。比如，有些人喜欢在电商平台上购买生鲜、家电，有些人喜欢去超市和大卖场购买日用品、食物等，还有些人则习惯于在菜市场和批发市场买菜、肉、蛋类。这样的习惯一旦养成，不会轻易改变，除非企业耗费巨大的人力、物力、财力和精力才有可能将其改变。品牌定位正是基于消费者的消费习惯，即企业在满足消费者需求的同时，提升消费者对其品牌的依赖度。

3. 记忆有限原理

在信息大爆炸时代，每个人每分钟都接收着来自全世界的信息，而且产品及品类更是层出不穷。而消费者的脑容量是有限的，某类产品能够被记住的只有一两个。也就是说，在购买商品时，消费者往往首先会想到这个品类中市场排名“第一”“第二”的产品。

4. 核心价值原理

品牌定位，往往是站在消费者的角度，基于其基本和潜在的需求，为达到其物质和精神上的满意而努力。一般性做法就是通过品牌推广，用不同的表达方式展现不同的品牌主题，让消费者更乐于接近、认同、了解和喜欢它，进而占据消费者心智资源，最终取得利益和效益。

以海飞丝为例。“去屑实力派”是其对自己品牌的基本定位，尽管每一年的广告代言人和宣传语都不太一样，但是核心价值“去屑”却始终没有改变过。经过长时间和反复的广告传播，消费者一想到“去屑”，就会想到海飞丝，有

“去屑”需求的消费者成了该品牌的忠实用户。

无论品牌大小，确定品牌定位及核心价值都是十分必要的，因为企业的核心价值来源于企业的文化、经营理念和战略布局。

总而言之，定位就是在确定目标消费群和市场的基础上，对品牌形象、生产、营销、传播进行差异化的整体设计，最终给消费者留下一个深刻的印象，并牢牢占据其心智资源，确定自己独特价值的过程。

品牌定位的实质就是一种转化的过程，即把产品变为品牌，更直接地让消费者认知和记住的过程。所有优秀的品牌都有一个共同的特征：用统一的定位在品牌与消费者之间架起桥梁，然后通过这种方式将品牌定位信息准确传达给消费者。

在新时代背景下，企业之间都在不断对品牌定位进行调整和创新，这样做的目的是什么呢？面对层出不穷的品牌故事，又该如何突显自己，准确应战呢？在所有企业都扎堆进行品牌推广的过程中，为什么依靠品牌定位才能更好地实现生存和不败呢？

如果你还指望依靠一种产品打通市场的“任督二脉”，那么结局只有一个——被市场淘汰。消费群体不同，其选择、审美、认知、购物习惯、经济水平、社会地位都不一样，因此他们喜欢的产品也不一样。也就是说，不可能有一种产品是适合所有消费者的。因此，品牌定位是很重要和很有必要的。

首先，科技的发展，使得远距离交流更加方便快捷。对于企业来说，互联网使得自己与客户沟通的成本更低、更加便利，这也间接放大了客户的影响力。以往，企业需要经过多个环节才能完成与客户的沟通，这最大的不良后果就是导致信息失真。而在互联网经济下，企业与客户的距离可以忽略不计，无论是线上还是线下，企业都有很多种方式对客户进行了解并与之沟通，甚至能够借助大数据了解客户的情况。

互联网也使得客户能够直接对品牌进行评价，甚至可以把评价扩大到自己的交际圈，这无形中放大了客户对品牌的影响力，也成了互联网时代人们看重体验和互动的原因。

其次，只有有效识别“我是谁”“谁是我的客户”“用什么方式营销”，才能做出真正打动消费者的产品。定位就是让消费者知道你的产品是什么，与其他产品相比，你的产品的特点和优势是什么，从而占据消费者心智，打动消费者，让消费者接受、喜欢和使用它。打动客户，靠的就是产品的独特品质和精神文化内核，而这一切源于企业知道自己的产品是面向谁而生产的。有了这样的定位后，企业就可以针对这部分人群进行传播和营销了。传播的渠道和方法有很多，可以运用微博、微信、贴吧等平台，但根本内容不会发生变化。还需要注意的是，企业要结合自己的实际情况，选择适合的传播方式。

最后，定位就是帮助企业聚焦优势的过程。品牌成功是多种因素促成的，但是品牌在创立初期，往往需要确定某个卖点，然后对其进行集中定位营销，放大它区别于同类品牌的优势。物极必反，过多卖点的轰炸，往往给人带来一种不够专业的错觉。所以，要聚焦定位，而且要把握好度。

尤其在产品过剩、同质化严重的当下，信息超载，消费者选择产品的空间更大，品牌和品类都层出不穷，这使得消费者很难专注于某一品牌。不同于以往资金流的时代，新时代下，消费者的否定能让你一夜倾家荡产，同样，消费者的认同和接受也能让你一夜暴富。哪个企业能够及时颠覆定位，得到更多消费者的认同，哪个企业就能占领市场。

而这种定位就是对消费人群的基本设定，企业需要挖掘潜在消费群。成长起来的“90后”“00后”，今后无论在社会上还是在家庭中，都将是中流砥柱，而产品只有得到他们这些黄金消费群体的接受和认可，才能真正具有影响力，成为品牌中的“战斗机”。

第四节
品牌定位的本质——占有心智

为什么品牌能够定位到同行业前列的位置很重要？有研究显示，人脑容量有限，能够占据消费者心智资源的只有一两个。而品牌一旦占据消费者心智资源，就像给他们脑子里装了一个虚拟的无线发射器，他们只要消费，第一时间一定会联想到这个品牌。这种现象在理论上被称作心智阶梯。

> 消费者进入超市，首先会在脑海里把自己想买的东西划分品类。比如想买一瓶沐浴露，这就是一个品类。这时消费者心里会浮现一些品牌，第一是××，第二是××，第三是××，这个就是心智阶梯。而只有占据了消费者心智数一数二的位置才有机会成为行业里的龙头企业，并不断做大做强。

消费者一旦认定和接受你的产品，并把该产品归于某一品类，就会逐渐形成惯性思维和消费习惯，这是很难改变的。比如，很多消费者上火、想喝饮料时就会想到王老吉、加多宝。而如果这两个品牌的定位不再是凉茶而是去火饮品，那么营销重点随之改变，行业数一数二的地位也可能会被其他品牌抢走。唯有坚持定位、坚持准确的定位，持续占有消费者心智，才能真正把企业做大做强。

因此，企业家必须抓住定位的本质——占有消费者心智资源。只有完成在消费者心智中的注册，企业才算有了生存的根基。所以，在市场竞争白热化的新时代，企业家必须十分重视定位以及定位的本质。

作为企业的“一家之主”，企业家有责任和义务明确自己的品牌定位，尤其需要明确定位的本质是什么、为什么新时代必须颠覆定位。在市场发展初期，企业家需要做的是生产好的产品，经营和管理好企业。而当产品过剩、产业进入成熟期后，企业家要做好角色转换，争做一个战略决策者。企业家需要清楚地明白，竞争就是争夺消费者心智资源，定位决定了企业所有的生产、销售、人员配置的方向。企业家必须承担起自己的责任，认清定位的本质，深耕于消费者的心智资源，了解他们的消费特点、分布特点，摸透同行竞争对手的优势、劣势，以及它们是如何抢占消费者心智的。

很多中小企业老板连起码的品牌思维和意识都不具备，更不要说定位的思维了。在他们看来，塑造定位建立在大量广告投入基础上，而在企业没有那么多额外资金投入的情况下，他们倾向于山寨和代加工，不愿意迈出创立品牌和做好定位这一步。这实际上源于他们对品牌定位本质的认知不准确。广告对于品牌的打造来说，只不过是一种手段，而不是构成品牌的核心要素和必备手段。

企业只有确定了定位，才能有效分配好资源，这样费用才能有的放矢地投入营销和广告方面。因此，定位不准，广告传播的范围再大、投入的费用再多也很难达到预想的效果。这也就不难理解，为什么有的品牌将广告公司和宣传语换了一个又一个，但始终没能被消费者认可和记住。

中国很多企业都很推崇宝洁在定位上的做法，但很少有人学到其精髓。在笔者看来，宝洁最值得学习的地方就是对整个日用品行业的心智资源形成了“垄断”。

以其旗下的洗发水品牌海飞丝为例，它主打的功能是去屑，这么多年其定位的方向一直没有变过。无论是广告还是活动主题、营销推广都会围绕去屑进行，这也进一步巩固了其在去屑洗发水品类的行业老大地位。而当消费者习惯发生变化时，宝洁又迅速重塑定位，打造让头发“更柔更顺”的飘柔，然后迅速占领消费者心智，并通过广告不断强化这一定位。而后，随着年轻女性喜欢染烫头发，宝洁又抓住发质受损的痛点，推出了“营养头发”的潘婷品牌。这样，宝洁在洗发水行业中就已经占据了三个心智资源。2017 年，宝洁的年度财务报表显示，其销售额达到 200 亿元，占据了整个洗发水行业销售份额的近 1/5。

因此，任何一个洗发水品牌的定位，想要实现差异化，就要避开这三个心智资源。比如沙宣，从一开始就主打“专业美发沙龙”，定位在专业洗发、护发上，而霸王洗发液则定位在防脱发上，它们都相继获得了成功。

这也就是说，企业家应该明确品牌定位的本质，找到目标消费群，定位其真正需求，然后再合理分配资源，这样才能取得事半功倍的效果。

第三章

战略定位

——定未来方向，为经典传承

第一节
市场营销发展的三个阶段，你定位在哪一个

赛跑中的运动员，在处于弯道时，更容易一较高低。企业市场营销的竞争亦是如此。

1978 年，中国开始走上改革开放的道路。后来，中国公司集体远征，走向外贸拉动，国有企业采用“重点扶持、其余放活”的改革方式，民营经济也开始了量化改革。2001 年，中国跨入 WTO（世界贸易组织）的彩虹门，互联网寒流袭来的同时，中国制造正凭借人口红利以及物美价廉走向世界。

1990 年前后，谁家孩子穿一双双星鞋，在学校都会备受瞩目。到了 2008 年奥运会前后，前奥运冠军李宁开创的品牌——李宁热销全中国。而如今年轻人有了更多的选择，如 NIKE（耐克）、adidas（阿迪达斯）等。

面对不同的时代转折期，企业发展需要不同的战略定位，才能突出重围。而企业发展离不开市场营销战略的制定。市场营销战略本质上也属于动态的定位过程，是与企业资源、实力和不断变化的市场环境相适应的动态规划。

我国企业市场营销的发展从 1978 年至今经历了四个阶段：卖产品—卖质量—卖信誉—卖品牌和文化。

1. 卖产品阶段（1978—1992 年）

1978 年，我国开始实行改革开放。开始，生产什么都赚钱，生产多少都卖得出去。只要你够大胆、够勤奋，无论做什么产品，市场总是有的。

因此，那个时候，很多企业被眼前的繁荣冲昏了头脑，忽略了长远发展的战略，见利忘义，这也成为大多数企业到二十世纪八九十年代时，发展乏力、遭遇滑铁卢的深层原因之一。

当时，我国国民经济正处在高速增长、城乡建设日新月异的时期，市场对各种建材的需求火爆。1980 年前后，广东佛山某陶瓷厂从意大利原装进口了第一条生产线，该生产线的产品一经投放市场就供不应求，不到两年时间就把投资建厂的全部成本收了回来。当时厂里员工常说：“守株待兔，坐等赚钱，做陶瓷就等于印钞票。”那个年代，研发一个产品可以卖三五年。

2. 卖质量阶段（1993—1999 年）

二十世纪九十年代初，有远见卓识的企业家经历过求大于供、粗放式的经营阶段后，把注意力放在了新技术开发和

1985年，海尔冰箱出现质量问题，张瑞敏用大锤怒砸76台有问题冰箱。海尔启动了严抓质量生产的战略，当市场处于饱和时，海尔更是凭借质量优势抢得更多市场份额。

提升产品质量上，并制定了依靠质量占领未来市场的战略，最终赢得了发展先机。

率先从日本引进生产线的张瑞敏发现，夏季人们还是更偏向于手洗衣物，于是马上研制并批量生产了洗涤容量为1.5公斤的“小小神童”洗衣机，新品一经投放市场立刻引发了抢购。严把质量关的海尔，同年还获得了“国家质量管理奖”。张瑞敏提出“三个1/3”的企业发展战略目标，即海尔冰箱将在“国内生产国内销售1/3，国内生产海外销售1/3，海外建厂海外销售1/3”。当时，尽管这样的战略还略显粗糙，但是依稀有了中国成为“世界制造大工厂”的雏形。

像海尔这样的企业，在二十世纪九十年代以前都是无名之辈，它们没机会得到国家相关政策的扶持，完全凭借其领导者卓越的战略思维和智慧制定企业未来发展战略，并率先在各自的行业中完成了质量和技术的提升，在激烈的市场竞争中迅速脱颖而出，成为行业翘楚。而那些试图寻找政策保护，甚至期望通过治理整顿“净化”行业秩序的老牌大型公司，则不可避免地持续沉沦，最终因成为时代的落伍者而被淘汰。

3. 卖信誉阶段（2000—2008年）

进入21世纪以来，随着中国加入WTO，跨国企业与国有企业、民营企业之间的竞争更加激烈。企业必须树立依法经营的观念，要自觉遵从国际法规和国际惯例；要重合同、重信誉，注重核心技术研发；要学会依法公平竞争。

2001年，在首届中国信誉论坛上，山东鲁花集团董事长孙孟全代表入会企业家在信誉宣言中表示：信誉不仅是道德规范，也是市场游戏规则，更是市场准入证和通行证。著名经济学家吴敬琏表示：失去了信誉，交易的链条就会断裂，市场经济根本无法运转。

春兰早在1985年就注册成立了，最早叫作泰州冷气厂。20世纪90年代初，春兰实现了销售额53亿元、净利润6亿元。随着申奥成功和我国加入WTO，春兰也迎来了发展的新契机和新危机。

我国加入WTO前，外国品牌入驻中国，需要交纳100%关税，还必须经过政府核准；而我国加入WTO后，国际品牌一起涌入，甚至把工厂开到了中国，全部新品全球同步首发。世界经济一体化为世界范围内各种产品生产整合提供了条件，但指望从国外竞争对手那里获得先进技术的同时确立自己的产品优势显然是不现实的，核心技术必须自己研发。

2001年，春兰先后就高能动力镍氢电池、空调仿真技术、压缩机振动、空气流畅、发动机燃烧进行了研发。春兰将大量成套技术和成套设备输出经济、科技较发达的欧美国家，然后又在亚洲、非洲、拉丁美洲等地区输出成套生产线，同时让优秀的科技人才不断“走出去”，结合科技创新，运用当地资源，使本土化建设越来越强。

4. 卖品牌和文化阶段（2008 年至今）

2008 年，借着举办奥运会的机会，我国经济总量较十年前增长了 2.5 倍，快速扩容的经济规模和快速提高的消费水平，使得越来越多的消费者把目光投向了品牌。就好比价值观相同的人、有共同兴趣爱好的人才会成为朋友，这就是所谓的“认识—认知—认同”的过程，也是消费者接触、选择、认定一个品牌的过程。为什么消费者喜欢奢侈品？消费者买的是什么？是品牌代表的文化和身份感。

你的企业发展不起来，其实差的就是战略定位，即可以将企业的产品、形象、品牌等在预期消费者的头脑中占据有利位置的战略，它是一种有利于企业发展的选择。

而当企业进入品牌发展时期，想再往前一步依靠的就是文化，即产品背后的无限附加值。品牌文化的力量就在于，它在无形中改变了人们的思维和购买习惯。或许有些人会觉得，自己的企业有好的产品、有优秀的人才团队、有销售渠道、有市场、有营销策略、有品牌、有管理、有运营，似乎什么都有，但是当你拿这些与竞争对手比的时候，是不是有长有短？

在战争中，战略是战争的策略。而针对企业，战略则指的是建立一整套以保持长久的竞争优势为目的的行动。其重要价值在于“先胜而后求战”，本质就是到达其他公司无与匹敌的地位，这是通过取舍建立的一整套独特的运营活动，因此，战略就是预见和创造未来。战略定位就是确定发展方向后，对资源配置和产品优势的无限放大。企业在发展的不同时期，应该采取不同的战略定位和营销手段。

总之，企业的战略就是让自己的品牌越来越值钱，做到经典传承，老板更换了一个又一个，但企业始终都在。

第二节
传承经典，确定品牌核心价值

创立于 1854 年的路易威登，凭借其典雅的设计、杰出的创意和精湛的工艺，迄今已经行销全世界 160 余年。像这样传承百年的经典品牌还有劳力士、同仁堂、香奈儿等。

所谓经典，必须经得起时间的检验。就好比以年份作为衡量标准的陈年佳酿，经典的百年品牌能够历经时代变化而傲然屹立，靠的就是不变的品牌核心价值。

究竟什么是品牌核心价值呢？它是一个品牌承诺并兑现给消费者的最重要、最有差异性的理性价值、感性价值，是品牌最重要、最独特、最具长期调性的要素。

品牌调性又是什么呢？简言之，品牌调性就是品牌的风格、气质。品牌调性一般是通过文案策划、设计、营销活动、服务、产品等感官和情感体验塑造出来的。

比如纯净水，市面上纯净水的基本成分都是一样的，都含有氢原子、氧原子。那为什么大家选购时会有差异呢？造成这一差异的不是物质，而是超越理性的情感和精神层面的差异，这影响了消费者的选购标准。

实际上，企业对任何产品的打造都是从找寻核心价值，即关键点开始的。想把品牌做成屹立百年的经典，也必然需要品牌核心价值的支撑。

苹果就是最好的证明。2014 年，有数据显示，苹果的品牌价值一跃超过了谷歌，苹果成为全世界最有价值的品牌。为什么一个没有自己工厂的企业，却能够占有市场 1/5 的销售额？为什么乔布斯死后，苹果的品牌影响力没有丝毫减弱呢？答案便是其拥有不可复制的核心价值。

苹果公司之所以能发展到现在的规模，就是因为它把16种产品砍到了只剩4种产品，做减法。

商品包装、形态、功能可以被“山寨”，但是其核心价值没有办法被粘贴。

另外，品牌的核心价值之所以重要，是因为其品牌口号在一定程度上传达了其品牌价值的精神内核。

宝马的口号定位是“驾驶的乐趣”，金利来的口号定位是“It's a Man's world”（男人的世界），迪士尼的口号定位则是“迪士尼给人类提供最好的娱乐方式”。

企业只有坚持打造品牌的核心价值，始终把有效品牌区别传递给消费者，才能给人留下独特、深刻的印象。

想要传承经典，就要先提炼品牌核心价值。提炼品牌核心价值有五个标准。

马江榨菜三度重新定位之后，选择了京剧的脸谱。而大众对京剧脸谱的形象早已熟知，一下子使得马江榨菜品牌影响力大增。

1. 提炼品牌高度的差异化

以白酒行业为例，很多企业的广告语都贯穿着源于百年、吉利、喜庆、阳刚、豪爽等词，甚至有些企业误以为这样雷同的“背书文化”就是经典，就是核心价值。毋庸置疑，无论是文人豪杰、帝王将相，还是神话传说，都是白酒文化的有机组成部分。但老牌白酒有很多，不能创造品牌独特性，就不能彻底打动消费者。

如高端消费人群，看重的不仅仅是价位，更是一种文化。舍得酒“舍得大智慧”融合了传统文化中“舍”与“得”的内涵，一下子契合了高端消费人群的价值观。

品牌想要实现差异化，想要有一定的高度，还需要站在文化和核心价值的基础上，尤其应该加入情感的因素，站在消费者角度表达，然后根据市场调研发现消费者的内心需求，对市场进行细分。

2. 富有感召力，触及消费者心智

一个品牌的核心价值如果能够引发消费者共情、共鸣，那么即使不花费巨额广告费，也能让大家爱上这个品牌。比如，雅芳护肤品主打的核心价值就是“女性的知己”，给人一种轻松又熟悉的感觉。

比如宝马为达到核心价值标准，每年花费几十亿欧元进行技术研发。

3. 核心价值应该匹配企业资源的能力

品牌核心价值的提炼应该考虑企业的技术、人力等资源情况。只有企业有足够的技术和人才等资源作为支撑，才能把核心价值塑造到位，才能确保产品和服务达到核心

价值的标准。

4. 要有预见性和品牌包容力

考虑品牌未来的增值，意味着核心价值必须包含品牌所有产品的共性，不可以只是单一产品的卖点。

5. 要获得较高溢价空间

品牌溢价能力主要依靠的是品牌核心价值。一个高溢价品牌的核心价值有这样的特点：技术上占据垄断地位，原材料方面具有特殊性、原产地优势等。

企业的核心价值观一旦确定，在推广和传播的过程中，就会贯穿于整个企业生产经营活动中。想要把自己的品牌经营数十年，甚至上百年，就要不断对品牌核心价值做加法，加深消费者对其的印象，并使自己的产品成为消费者心中具有感染力的、有内涵的产品。

第三节
老熟人＋新创意＝深化核心竞争力

什么是老熟人呢？就是人们熟悉的、有代表性意义的人或事物，如当代的明星、名人，古代的名人大家，或者我们熟知的动植物、文物、故事等。

企业选用老熟人，一方面是为了拉近与消费者的距离；另一方面是说起老熟人，就能勾起消费者的了解欲和购买欲。再加上老熟人自带部分流量和关注度，能够吸引更多消费者的关注。

这里需要注意的是，老熟人距离现在的时间越短，企业要支付的代言费和版权费就越贵。因此，很多中小企业从成本的角度出发，更乐于从古代寻找大家熟悉的人或事物。

这样，企业无须花费太高成本，又能快速给消费者留下深刻印象，在消费者心中完成潜移默化的“注册”，让品牌占领消费者的心智资源。

比如乌江榨菜，红色脸谱的包装袋，其实源自《封神演义》中清虚道德真君的形象，这样的老熟人形象一经传播，迅速占据消费者心智资源，其销量一下子增长了25%，发行的股票价格也因此上涨。

而名人从某种意义上来说是社会公众人物，不仅有众多“粉丝”，其影响力也不一般。像谢娜代言康王，李连杰代言柒牌中华立领男装等，很多大型企业接连启用明星代言，充分证明了其营销效果和能给企业带来丰厚利润。

但是企业仅凭老熟人也不行，还得抓住消费者的真正情感需求。产品真正能够打动消费者，满足消费者需求，才能增强传播效果，进而增强企业的核心竞争力。

刚刚进入中国市场时，奥利奥也有些“水土不服”。因为中国人不喜欢过分甜腻的饼干，所以直到2005年，奥利奥饼干销售额只占全部市场份额的3%。

随后奥利奥改变战略，尝试对饼干进行改良，不仅降低了甜度、提升了口感，还改变了图案和纹样。这时奥利奥发现，其实“Twist, Lick, Dunk”（扭一扭，舔一舔，泡一泡）意味着一种全新的吃法。于是，奥利奥推出一系列广告，向消费者宣传和分享这种新吃法。随后，奥利奥销量产生了质的飞跃，销售额一下子翻了几倍。

“扭一扭，舔一舔，泡一泡”，这是奥利奥饼干的经典广告语。你可以随意地扭开饼干。对于小朋友来说，同样两种饼干，口味什么都一样，而奥利奥在吃的时候还可以玩，当然会选奥利奥。这就是创意。

而为了吸引消费者网购，2017 年，天猫联合奥利奥推出创意活动：消费者只要通过天猫平台购买奥利奥任意一款饼干，吃完后拿出手机扫描盒子上的二维码，就会进入神奇的 AR（增强现实技术）模式。奇妙的是，音乐盒还会根据实景切换歌曲和动画，简直成了男士表白心上人的创意之选。另外，奥利奥还发布了一组“生活多奇妙”创意海报，趣味生动地表达了生活充满惊喜和快乐的情感。

仅活动推出当天,2 万份限量版奥利奥产品就被抢购一空。

那么，什么样的创意最优秀呢?

第一，属于自己的品牌创意，即有差异感。尤其是中小企业，应该从世界级品牌案例中有所收获，打造中国人自己的具有国际竞争力的品牌。

第二，必须通俗易懂。让上至 80 岁的爷爷奶奶，下至几岁的孩童都能听明白、看得懂、有感觉。如陕西眉县猕猴桃的特点被提炼为“酸甜刚刚好”，简单明了，特点也被提炼得“刚刚好”。

第三，需要给人眼前一亮的冲击感。BZZZ 蜂蜜，其品牌标志 B 做成了蜂窝状，金黄色的背景让人一下联想到金黄、浓稠的蜂蜜。包装更是别出心裁，采用原木制成蜂巢的模样，传达源自天然、口味纯正的感觉。

那么，企业如何获得优秀的品牌创意呢？这主要还得追根溯源，从中国传统文化中汲取精华。另外，企业可以从当下流行的、时尚的领域入手，发现创意、创造创意。

一般做白酒的企业希望向目标顾客传达厚重的历史感和文化气息，而江小白则将历史感与用户个性化体验相结合，瓶身上有不同的广告词，比如"愿十年后我还给你倒酒，愿十年后我们还是老友"。国人内敛、重感情但不善表达的性格和深厚的感情尽在一杯酒中，甚至有时候人们可以用瓶子上的话语来表达自己的内心。

世界经济正在融合成一个经济体，整个世界都将变成一个崭新的模样。任何企业想要在风云突变中生存，就要增强自己的核心竞争力，重视发挥老熟人的力量，解放思想，发挥创造力，只有做到专业才能走上世界舞台的中心。

案例一
童晟智教集团
——童蒙养正的战略定位

时移世易，环境和时代在变，人的需求也在不断变化，不同消费者面对不同产品，都会有不同的选择。天下没有无敌的武功，只有因地制宜、身随心动的招式。任何企业想要成为“一代宗师”，必须满足消费者的需求，得到消费者的认可和经得起时代的检验。换句话说，精确的战略定位和落地执行，是所有企业生存和成功的保障之一。而错误的战略定位和欠缺的执行力，则会给企业带来灭顶之灾。

对于祖国的花朵——孩子来说，幼儿园向小学过渡的时期，不仅是学习、生活习惯养成的重要阶段，更是身体发育的重要时期。因此，社会上各种自主研发的特色课程很多，各种幼儿教育品牌也很多。

从外部环境上看，专门的幼小衔接学校其实并不是大多数父母的首选，因为一般情况下，孩子们进入幼儿园后，从小班、中班，再到学前班都会在同一个幼儿园。由于一年级的课程进度快，很多家长担心孩子学习跟不上，于是各种针对幼小衔接的学前班遍地开花。但是这些机构的教学质量和教师水平都参差不齐，而且多侧重于知识、算数技能等的教授。

想要在众多幼儿教育品牌中异军突起，战略定位十分重要，各类幼小衔接教育品牌更是如此。

就童晟智教集团来说，它针对幼小衔接的儿童，将战略定位于提供专业的学前教育和习惯养成服务，依靠创造出差异化的竞争优势而取胜。

童晟智教集团

颠覆 定位

童晟智教集团是一家成立于2003年的综合类教育机构。学校领导意识到，不寻求差异化，不重新进行战略定位，最终只能是死路一条。得不到幼儿和家长们的认可，找不到生源，再好的教育理念、再专业的教师人才都等于零，学校必须做好战略定位，才能在激烈的市场竞争中站稳脚跟。

因此，童晟智教集团扎根吉林省十几年之后，想要提升品牌内涵，重新进行战略定位，就找到了天堂鸟，并由天堂鸟开始对幼教市场和学校未来进行调研和定位策划，具体成果如下。

一方面，遵循国家教育部标准，真正为幼儿打造专属、快乐、健康、安全的教育空间，打造别样的建筑设计风格。童晟智教集团下辖七个校区，每个校区占地面积都在1500平方米以上，符合教育部标准。于是，天堂鸟尝试在公共空间进行“以人为本”的设计，不仅有巨大的户外活动区域，还有良好、齐全的游乐设施，通风明亮的教室，专业的保健室，温馨的寝室和独特的透明厨房。

家长们每天送孩子上幼儿园后，就能直接看到新鲜食材的配送、清洗、切配、烧煮全过程。这种让家长“眼见为实”的透明化操作，让家长更放心的同时，也更有利于幼儿园的可持续发展。

另一方面，塑造童晟智教品牌的核心价值，填补市场空白。对于五六岁的孩子来说，养成各种美好的品德，能够帮助他们形成正确的价值观和人生观。对于一个人来说，幼年时所接受的正能量教育是非常重要的。因此，天堂鸟建议童

童晟智教集团符号及释义

晟智教集团在东北地区成为“第一个吃螃蟹的人”，成立研究院，全力培养孩子的 12 种优秀品格。

幼儿教育的关键是童蒙养正，晟时养德。因此，要杜绝“小学化”，帮助孩子了解更多的中国传统文化和基本的社会道德规范，在品德教育上下足功夫，激发每个儿童的正能量，促进孩子德智体美劳全方面成长。

《易经》有云：“蒙者，蒙也，物之稚也。”这种童蒙养正的教育理念源自传统的儒家启蒙教育。

童晟智教集团宣传页

颠覆 定位

从中国古代教育思想可以看出，强调德行和品格教育是十分必要和重要的，反倒是知识掌握了多少、学得快慢，并不是最重要的，因为每个孩子的天资和学习习惯不一样，无法强制每个孩子都达到同一个水平和标准，否则就违背了教育的根本。一个人品德不好，就好比地基打不好，楼肯定盖不高。

童晟智教集团充分汲取了中国传统文化精髓，认为幼儿养性，童蒙养正，少年养志，晟时养德，践行中国传统文化教育和培养儿童的宗旨，旨在播种良好习惯，培养非智力方面的品质。

学校就像是社会的器官，能够存续多久，取决于为孩子们和社会做了多大的贡献，实现了多大的价值。童晟智教集团能够在确立童蒙养正核心价值的基础上，敢于不随波逐流，从传统文化入手，实在是战略定位上的一种新选择。

确立了正确的战略定位，就好比万里长征开了个好头。所有企业的成功都需要适合自身发展的战略愿景和战略定位。

第四章

价值定位

——塑品牌价值，扩大需求度

第一节
塑价值，打造非买不可的品牌

几年前笔者在飞机上与一位浙江的皮鞋厂老板聊天，他一直慨叹生意越来越难做，尤其是做品牌代工的企业，利润更是少得可怜。笔者问他：“为什么不自己开创一个品牌然后去卖呢？”他义正词严地表示，自己的品牌价格再便宜也无人问津，虽然贴牌代工利润少，但至少产品卖得出去。笔者跟他解释说：“同样的一双鞋，同样是中国厂家生产，贴上阿迪达斯的商标就能卖出上千元的高价，不贴就没人买，这就是品牌价值最直观的表现，没有品牌，企业只能在市场竞争中低端生存。”

经济学家郎咸平曾举例，东莞生产的芭比娃娃出厂价是1美元，卖到美国沃尔玛后，其零售价是10美元，美国人赚了9美元。

贴牌代加工企业，由于人口红利的消失，终究难逃厄运，这在市场经济中几乎是注定的结局。

可口可乐前董事长伍德鲁夫曾表示：就算全世界可口可乐工厂都倒闭了，自己也能凭借可口可乐这块金字招牌从银

正是由于品牌价值大，可口可乐以及其他众多企业才会不断增加其在品牌上的投入。

行贷款，东山再起。

因此，塑造价值，打造非买不可的品牌，是企业完成商业模式设计至关重要的一步。

产品有价值，品牌亦有价值，这是毫无疑问的事情。从价值的角度理解，品牌价值不仅是使用价值，更是用货币金额表示的财务价值，以便商品用于市场交换。竞争战略之父迈克尔·波特曾指出，品牌的核心价值就是品牌精髓，品牌的资产主要体现在品牌的核心价值上。

那么从什么时候起，品牌价值开始被企业重视呢？这源于一起并购案。20 世纪 80 年代中期，来自英国的一家专注于健康、卫生和家居护理用品的公司 Reckitt & Colman，以 6500 万英镑的价格，收购了 Ciba-Geigy 公司所属的 Airwich 公司。

当时很多人都无法理解，为什么一家世界卫生用品领军企业会花如此高的价格，收购这样一个已经负债 5580 万英镑的品牌，这也是历史上第一次品牌价值被量化。

雀巢以25亿英镑收购了英国Rowntree糖果公司，原因在于这家公司拥有诸如After Eight、Polo（宝路）、kitkat（奇巧）和QualityStreet（凯利恬）等一系列食品品牌。

后来随着越来越多的企业开始了并购，更多的企业开始重视提升自己的品牌价值。与此同时，中国的一些企业，如青岛啤酒、海尔集团、全聚德也开始专注于品牌价值的塑造，即品牌价值定位。

对品牌进行价值定位其实就像给消费者心智中植入品牌，让消费者愿意花钱购买和使用自己的产品。

简而言之，价值定位建立在对消费者需求的了解之上，之后企业根据细分消费群和需求偏好对产品做出筹划和调整。

对于企业来说，价值定位是消费者有效识别和区别商品的来源。品牌的英文单词是 Brand，意思是商标、烙印。烙印最初指的是每家每户用来区分各自私有财产的标志。到了中世纪末期，手工匠人又经常使用烙印作为自己手工产品的标志，以便消费者熟记其制作者和产地。而现如今，品牌被赋予不同的名称、图案、风格，将自己与同类产品的其他品牌区别开来。

同样的运动鞋，在路边摊不足百元，你仍拼命还价；但是到了品牌专卖店，标价几百元的鞋，你可能试穿合适就直接买了。这就是品牌价值突显的溢价作用。而有了价值定位，就有了固定的目标消费群。

价值定位还会为企业争取到更多的收益，避免企业陷入同行业的低价竞争风波中，以始终保持产品价格稳定。

价值定位也会帮助企业形成自己的竞争优势，而且这种品牌上的竞争优势一旦被确定，是很难被改变和撼动的，它会帮助企业成为市场领军人物；企业也将有更长的生命周期，始终保持领先地位。企业有了品牌价值定位，就会努力塑造和提升品牌价值，而品牌一旦被消费者认同，就会拥有忠实的消费者群体，其领导地位不会因为时间的推移而轻易发生改变。

美国波士顿咨询公司通过研究30大类产品中的市场领先品牌发现，在1929年的30个领先品牌中有27个在1988年依然高居市场第一。

一旦企业的品牌价值定位被不断放大和优化，随后其即使不断推出新的产品，也完全可以利用已有的知名度和“粉丝”效应降低市场准入风险、缩短大众消费心理接纳时间。比如，海尔是靠冰箱、洗衣机被人们所熟知的，于是海尔企业就利用大众对海尔品牌的好感，相继推出了电视、手机等产品，并很快在市场中打开了局面。

企业有了价值定位，其品牌价值不断提升的同时，其内外资源也在不断优化。作为优秀大学毕业生，你愿意去知名的跨国公司工作，还是愿意在商场推销？作为经销商，你愿意选择知名的大公司合作，还是愿意找个不知名的小企业合作？作为投资者，你愿意把资金投给市值第一的酒厂，还是愿意投给一个根本没听说过的小酒厂？答案显而易见。

有了明确价值定位的企业，其品牌也会得到更多经销商、批发商、零售商以及中间商的追捧。

因此，企业只有有了更高的品牌价值，才能给消费者一个非买不可的理由，才能真正让消费者知道其想要的是什么，也才能完成未来发展的目标。

那么，消费者有什么非买不可的理由？

1. 成就感

很多人买品牌，就是为获得一种彰显自己人生价值的成就感，这可以理解为一种内在的心理满足感，是一种较高的心理需求。

→ 有的人买宝马车，或许就是因为小时候许下的愿望，他们认为买宝马车是证明自己实现人生目标的方式。

企业站在孩子的角度开发产品，其产品"让宝宝舒服"，这样的购买理由父母是无法拒绝的。

2. 安全需要

消费者对产品有基本的安全需求，做了家长的朋友对这点有更深的体会。比如，大人为孩子选购玩具、童车，都会考虑到产品是否安全。但是消费者也常常因此忽略了舒适性，毕竟孩子有时并不善于表达这些。

3. 口碑效应

有些品牌并不太有名气，但是亲朋好友都在用，这种口口相传的推荐，也是极具说服力的。比如，女性朋友们聚在一起，经常讨论的是自己最近使用什么品牌的护肤品，很大一部分消费者都是通过口口相传了解产品的，这种方式更容易直接打动消费者。

4. 性能需求

产品同质化严重的情况下，信息的获取方式更加直接和便利。企业应该在熟知产品特点和性能的前提下，把握好产品的优势，发掘产品真正的亮点和卖点，这是广告推广得以最大化传播的前提。

5. 符合心理价位

比如，将一款牛奶定价为49.9元，而不是50元。因为，人们常把49.9元归类为40多元的心理档位，虽然只差1角钱，却比50元的价格低一个档位，常给消费者一种心理错觉，认为更便宜，而且9结尾寓意好。

英国《金融时报》专栏作家蒂姆·哈福德认为，消费者对商品价格存在"左位数效应"，即只把注意力放在最开头的数字上。

6. 售后一流

这也比较容易理解，比如，一些老年人家里安装了台式电脑，但是老年人对怎么安装系统、怎么杀毒一无所知。如果有一家电脑公司可以提供相应的免费上门安装售后服务，消费者会感觉很贴心，这就是消费者愿意掏钱的理由。

正是因为企业逐渐认识到品牌的价值，更多企业才开始重视价值定位。选择好准确的价值定位，就相当于在商业模式发展道路上走好了至关重要的一步，也会为产品价值体系网络的构建提供更优质的基础。

第二节
品牌价值定位三部曲

消费者买任何一种商品、进行任何消费都有着自己的品牌偏好。每个产品都有自己的品牌价值，价值定位的过程是怎样的？这是值得所有企业思考的问题。

一般来说，价值定位的过程是这样的：确定目标人群及受众群体消费的核心需求、确定符合行业的本质及竞争对手、找到区别于同类产品的差异性和相似性。

全球商业模式创新大师克里斯滕森认为，企业创新的关键不是技术，而是彻底颠覆消费场景，具象化研究产品的用途、功能。也就是说，任何企业都需要对自己的产品进行市场细分，尤其要根据不同消费者的需求、场景、用途，对自己的品牌进行价值定位。

细分的方式也有很多种，比如可以按照消费者的心理需求、行为特征、人口数量、地域因素等划分。

所谓细分市场，指的是站在消费者的角度，从不同维度划分市场，确定消费者所处的价值区域，分析其明确接受、可以接受和不喜欢的元素。精准的价值定位能够准确定位细分的目标消费人群，企业能够准确知道什么样的客户会乐于使用该产品，会在什么情景下使用，购买欲望是否足够强烈，市场份额可以占到多大等。细分市场的价值定位越准确，产品开发就越有针对性，企业就越容易取得成功。

很多人都喜欢吃红烧、酱烧的菜，鲜亮的颜色让人产生食欲，于是海天草菇老抽抓住这一核心需求：给菜肴上色。炒菜时滴几滴就会轻松上色，而且久煮不黑。这一系列大单品推动了海天突出重围。

比如，日常每家每户烹饪都会用到的酱油，每年销售额接近 1000 亿元，占据了调味品近 1/3 的江山。为什么它能取得如此骄人的销售业绩？因为它建立在充分了解消费者需求的基础上，即根据消费者对酱油的口味和颜色，以及凉拌、煎、炒、油炸等不同烹饪方式的不同需求，细分出不同用途的酱油。

企业还可以根据不同的市场需求和战略来选择如何进入目标市场。

准确的价值定位也离不开差异化的区分，否则这样的价值定位并不成功。比如，同样是玉米胚芽油，甚至产地都一样，一个叫西王玉米胚芽油，一个叫长寿花玉米胚芽油。但是二者的价值定位不同，长寿花的价值定位是低饱和脂肪酸、低热量、低胆固醇，而西王则把核心价值定位在新鲜上。产品有定位健康的，有定位新鲜的，这就是根据不同消费人群进行的定位。消费者需求不同，买的产品就不同，这就实现了差异化发展。2016 年，长寿花和西王两个品牌的年销量分别达到了 17.28 万吨和 14.39 万吨，占据了全国玉米油 20% 的市场份额。

然而，企业如果把握不好差异化，也会做出不准确的价值定位。比如，某品牌蛋黄派曾给自己定位为“派的专家”。但是有数据显示，当时好丽友巧克力派在中国占据派消费市场 40% 的份额。也就是说，消费者早就已经把“好丽友”跟“派”紧密联系在一起了。那么在派的市场已被好丽友占据的情况下，企业再提出“派的专家”这样的价值定位就是失败的。

而确定了品牌的差异化，也就是确定了自己的竞争对手有哪些。以娃哈哈矿泉水为例，从狭义上来看，它与统一、农夫山泉、百岁山、冰露等都是竞争对手，但从广义上来看，它的竞争对手还包括可口可乐、百事可乐、脉动、汇源果汁等饮料品牌。

同样需要注意的是，价值定位应该符合行业的本质，行业不同，其消费本质千差万别。就好比调味品行业的消费本质是调味、味道好，粮油副食产品行业的消费本质是食材品质和营养价值，零食类产品行业的消费本质是好吃、有趣，而健康食品行业的消费本质则是对身体有益。

比如，有调味品企业曾推出“菠萝味醋饮”，这实际上是两个品类和概念的结合：一是定位健康饮料；二是定位果汁遇上食醋。但是这并不符合饮料行业的消费本质。因为饮料行业的定位就是酸甜可口，好喝是关键，但是消费者一想到醋加菠萝汁，就感觉酸到不行。结果，该饮料以失败告终。

品牌的价值不仅仅依靠给予消费者脸谱化的信息，传递品牌价值也可以降低消费者购买的决策成本。更重要的是，企业准确的价值定位能够提升产品的差异化价值，扩大产品的市场占有率，挖掘产品的潜在用户，真正做到提升产品的品牌价值。

第三节
最受青睐：用第三人称或权威机构证明

大隐士司马徽曾说："伏龙、凤雏，两人得一，可安天下。"后来，徐庶也向刘备推荐诸葛亮。正是有了这样的第三方推荐，才有了后来著名的三顾茅庐。

在动荡的东汉末年，各路诸侯混战，各自成为割据一方的霸主。当时的形势下，各个军事集团最缺的无疑就是人才，可以说当时对人才的需求量大，而当时的人才也多。既然当时人才济济，诸葛亮是如何脱颖而出被刘备重用的，又是如何成为蜀国的顶梁柱宰相的呢？实际上，如今很多企业和品牌的处境就如同当时诸葛亮面对的情况：人才多，需要人才的地方也多。产品、品牌多如牛毛，但是消费市场需求量也大。如何才能突出品牌、提升品牌价值，进入并占据消费者的心智，这是所有企业都应该思考的问题。

中小企业不妨学学诸葛亮，想要让自己的品牌更有价值，不妨借助第三人称或者权威机构的方式证明自己最受欢迎和喜爱。

在舒肤佳的广告中，常会出现孩子们踢球，工薪族挤公交、地铁等生活场景，这些人们日常再熟悉不过的场景中都充满了大量细菌，细菌被放大后会令你惊愕不已。用舒肤佳洗手，恰恰可以去除大部分细菌。

1992 年，舒肤佳香皂进入中国千家万户。而当时力士香皂在国内市场已经连续 6 年稳坐香皂市场老大的位置。后来，舒肤佳一直重点塑造自己“除菌”的核心价值，并通过权威医学会认证、多次实验等手段，证明了人体在外界环境下很容易出汗、易被细菌感染。而舒肤佳又提出其含有的独特成分，能够有效杀死和有效抑制可能引起皮肤感染和臭汗的细菌。并且告知受众，其除菌功效得到了权威机构国际医学专业团体及中华医学会的认可和认证。这一系列站在权威机构角度的证明，让消费者产生了一种信任感，增进了消费者对其的认同感。毕竟，香皂的主要使用场所还是家庭，保护家人健康、除菌抗菌更贴近老百姓的生活实际，也更容易让消费者认同其品牌价值。

中华医学会：中国医学科学技术工作者自愿组成并依法登记成立的学术性、公益性、非营利性法人社团，是党和国家联系医学科技工作者的桥梁和纽带，是发展中国医学科学技术事业的重要社会力量。

就这样，在持续不断地塑造价值和权威机构认证的广告宣传中，舒肤佳终于迎来了自己的“春天”。2001 年，舒肤佳的市场占有率已达 41.95%，比当时的第二名力士高出 14 个百分点。截至 2017 年，无论线上还是线下，舒肤佳都占据香皂市场老大的地位。

因此，想要让消费者看重产品的品牌价值，不仅要满足消费者诉求，打造差异化，还得借助第三人称或者权威机构来证明，通过客观的表达，转述该品牌或者产品的优势和卖点。第三人称不难理解，可以是消费者，也可以是一线生产农夫山泉近两年来的广告也选择了站在第三人称的角度宣扬品牌价值。它跟拍普通员工的真实工作状态和环境，向消费者展示了风景宜人的水源地，用员工的勤奋、不辞辛苦传递了"大自然的搬运工"的精神，也间接展现了水源的纯净和天然。

员工。权威机构可以理解为该行业内具有认证资格，且能够客观、公正、独立从事认证活动的机构。也就是说，这个权威机构，是独立于生产商、经销商和消费者的具有独立法人资格的机构。

而通过这样的方式，企业不仅可以产生异于其他企业的产品卖点，也可以做到公正、客观，更能增强企业品牌的信心。因为权威机构的认证可以在一定的专业角度分析和验证产品的功能，起到替消费者擦亮眼睛、更快发现产品卖点和亮点的作用。而第三人称的角度评价，则能够给消费者一种熟悉感和认同感。有了他人的认同，企业品牌就相当于有了通关钥匙，能更快捷地得到消费者的信赖和支持，起到引导消费的作用。同理，任何他人的认同，对企业和品牌来说都是一种认可，是对企业所有付出与努力的认可，这有利于企业朝着更加稳健的方向发展。

案例二
暖蒲——茶类新品类开发者的蜕变之路

中国的茶文化历史悠久，现代人也喜欢喝茶养生。而长白山漫天飞舞的蒲公英，其根竟有很好的食用和药用价值。《医林纂要》中记载，蒲公英补脾和胃，泻火，通乳汁，治噎膈。蒲公英根茶，是一种源自长白山林海的茶类饮品，具有淡淡的咖啡口感，还有降燥降火的良好功效。然而，始终没有一个行业领导者能让蒲公英根茶深入人心，更没有一个品牌率先站出来为行业发声，整体行业陷入价格竞争的恶性循环。

而从小在长白山脚下长大的白总一直想改变这一行业现状，立志将长白山脚下的这一茶饮文化发扬光大。缘分使然，白总来到了笔者的九大定位课堂上，白总的淳朴感动了天堂鸟的每一位策划师。

在思维和宏愿的碰撞下，天堂鸟品牌策划团队在全国市场开展深入调研，找出行业痛点，了解消费趋势。对于企业来说，抓住趋势，就是搭上了顺风车，“猪都能起飞”。抓住趋势开创新品类，企业想不赚钱都难。

由于近几年人们越来越关注养生，因此茶叶一直是利润较高的大品类，但是细分下来主要集中在普洱、乌龙、绿茶上，这些品类一直是消费热点。随着消费升级，更多“80后”“90后”逐渐成为消费主力。有数据显示：在“北上广深”四城市20~45岁的群体中，40%的人有喝茶的习惯。甚至有专家预测，未来将有超过70%的年轻人有茶叶消费意愿，面向年轻群体的茶叶消费市场前景一片广阔。

而天堂鸟团队通过大量市场调研发现，我国亚健康人数逐年激增，2017年更是超过9亿人，尤其是年轻白领阶层中有超过76%的人都处于亚健康状态。熬夜加班、饮食不规律、脸上长痘、口舌生疮，普遍都容易上火，因此年轻消费群体对于健康饮品的需求越来越大。而很多消费者都知道蒲公英有药用价值，也知道用它泡水喝可以清热解毒、美容养颜，市面上也有许多散装蒲公英干叶子售卖，但是并没有占据消费者心智资源。这不恰恰就是“市场上有，心智上无”的创新品类的大好时机吗?

但是根据调查，大多数年轻人追求极简的生活方式，而大部分蒲公英根茶都是散装的，不易随身携带和取用。而且通过查阅药典，天堂鸟还发现，蒲公英根茶冲泡过多或者冲饮方式不对，对身体是有害的，会引发腹泻或者恶心、呕吐。尽管年轻消费群体认同蒲公英根茶的保健功能，但“冲泡麻烦，不方便携带”“生活节奏快，静不下心来”等仍是阻碍年轻人饮用蒲公英根茶的主要因素。年轻群体更喜欢简约便捷的冲泡方式和轻松自在的喝茶体验。天堂鸟根据痛点思维，不断聚焦消费者最关注的问题，用专业知识帮助白总建立了蒲公英根新茶品类——暖蒲，并确定其价值定位——“祛火茶”，还专门为暖蒲设计人性化贴心小包装来解决这些问题。

喝茶间接成本高，需要选茶、买茶、泡茶、喝茶，消费者花费的时间和精力太多，生活节奏快的年轻人不喜欢。

此外，天堂鸟为暖蒲提炼出“降火气，好脾气”这句核心主张，进一步突显蒲公英根茶的功能价值，使其成为问题解决者，利于未来的营销延展，让品牌在消费者心智中占据了高位。

茶类饮品的本质是什么？茶是情感载体，饮茶是一种愉悦价值、健康价值。

为了使消费者与暖蒲产生强力心智链接，让暖蒲的文化精髓和功效深入消费者认知，天堂鸟帮助白总倾心打造了两大系列产品——小清新系列与四大风格插画系列，采用了当下年轻人文化中受欢迎的诸多元素，并使用小包装，满足年轻人快节奏的生活方式。

你可能改变不了忙忙碌碌的生活和工作状态，但是你可以选择来一杯天然口感的暖蒲祛火茶，降火气。

暖蒲产品包装及广告

经过这一系列打造，暖蒲一经面世就深受都市青年追捧，相信，未来暖蒲将会在市场中大展身手。

第五章

品牌定位

——拼核心主张，造热销爆品

第一节
创新品类，热销流行

如果有人问你:“在中国什么车卖得最贵？”很多人的第一反应可能是劳斯莱斯。反过来，劳斯莱斯是什么样的品牌呢？昂贵的。这两个问题简单直接地道出了品类创新和价值定位。劳斯莱斯卖的不是品牌而是昂贵的车这一品类，就相当于沃尔沃卖的是安全车系之一，宝马卖的是高端驾驶享受车系之一。

品牌竞争建立在品类竞争之上。何谓品类？品类就是消费者的购买需求。品牌就是提供理由满足消费者的购买欲。比如，我想洗头（洗发水就是品类，即购买需求），以我对洗发水的某个需求（如去屑、修复、柔顺等）为出发点（给消费者提供了购买理由），选择了某品牌。

有数据显示，在消费者心中一旦某品牌成为某品类的第一品牌，那么第二、第三品牌的竞争优势就会小很多。比如，瓜子二手车这一新品类一出现，就牢牢占据了消费者心智资源。根据市场咨询机构 Millward Brown ACSR（华通明略）近期的二手车电商渗透率调查数据显示：在二手车电商成交的用户中，经过瓜子二手车直卖网成交的数量占总交易量的 51.4%；排在第二名的企业是人人车，经过人人车成交的数量占总交易量的 18.9%。

里斯在《广告攻心战略——品牌定位》中表示，最先进入人脑的品牌平均比第二品牌市场占有率高一倍还多，第二品牌的市场占有率比第三品牌高一倍，这样的关系不易改变。

王老吉通过调研细分市场后，开创了新品类，年销售额一直处于行业遥遥领先的地位；可口可乐占据“碳酸饮料”品类第一，正宗碳酸味道无可替代；智能触屏手机开拓先驱——苹果手机，成为智能手机的佼佼者。

创造新品类，重点无疑应放在创造上，即企业的创造力是根本，而创造力本身又有什么表象特征呢？

笔者曾看过这样一个故事，有科学家对近万名儿童进行长达 20 年的追踪调查，发现成年后具有想象力和创造力的孩子，往往从童年开始就善于把课堂上学到的知识应用于生活中。而创造力略差的孩子则擅长把某方向的知识纵深化，他们容易偏科，成年后从事的工作重复性强。

这一现象就好比，一提到产品创新，很多企业家想到的就是设计创新（如把材质由金属换成聚氯乙烯），产品性能创新（如把四核处理器升级为八核），把线下服务升级为

这里给大家总结一下判别新品类的方法：①产品本质属性发生变化，才是真正的新品类；②新品类可以是老品类的细分和延伸；③新品类需要符合消费者认知，不能与之冲突。

线上服务。这种想法产生的前提就是纵深锁定某一用户群的需求。

但实际上，这不叫作创新，也不可能带来新的用户和新的利润增长。

这就是市场上为什么貌似出现了一些新品类，却没有被消费者接受。它们不是创新品类，只是原有品类的纵深化。比如娃哈哈啤儿茶爽，虽然主打源自天然绿茶、麦芽，零酒精、碳酸充气，“像啤酒一样酷爽，像绿茶一样健康”，但在茶和酒之间定位不清，消费者会记住这样的品类吗？无论是茶还是啤酒，讲究的都是味道纯正浓郁，但啤酒味道的茶，或者茶味道的啤酒，都很难真正打动消费者。

再对比一下同样的茶饮，立顿袋泡茶，不同于传统用水冲泡茶叶，立顿采用的是独立包装茶包形式，创造了“袋装茶饮”新品类。这个新品类缩短了冲泡茶叶的时间，弥补了茶叶乱跑、程序烦琐的不足，因此产品一经推出就受到了年轻消费者的喜爱，迅速占领零售渠道。

究竟什么是创新品类呢？

创新品类，归根结底就是创造一个新名词，用新概念营销新市场，并把自己的产品当作该领域第一个产品来做。

那么创新品类的价值在哪呢？笔者认为，企业要打造新品类，赢得心智资源。就是说与其跟其他企业竞争，不如自己开拓一个新品类，构建全新的价值体系，进而占据消费者心智资源。

“瓜子二手车直卖网，没有中间商赚差价，车主多卖钱，买家少花钱”，这句广告词很多人都知道。

瓜子二手车开辟新品类的成功案例说明了两件事：一是只有卖得好才证明产品好，这是用逆向思维来扭转消费者对产品的看法；二是解决消费者痛点，而且创造了新品类——二手车直卖。把这两件事都做到了极致，它就成了二手车交易市场的领导品牌。

创新品类的重要性在哪呢？

这样的例子很多，比如，万燕公司是当时中国最早推出VCD（激光压缩视盘）的企业，但是螳螂捕蝉黄雀在后，它并没有成为该行业的领导者，反而是步步高、新科异军突起。

新品类产品更具定价能力。经济学上有个名词叫弹性系数，当产品弹性系数为0时，无论价格如何波动，需求都不会因此而改变。创新品类则能重新构建一套价值体系，占据消费者的心智资源，创造新的价值，企业也因此有了溢价和定价的主动权。

那么，在这个过程当中，企业应该如何创造新品类呢？

1. 技术创新，创新品类

技术创新包含现有技术革命和现有技术更新换代两个方式。苹果公司的新品类并非都借助于现有技术革命，而是重新整合现有软硬件技术，进行组合式创新。

2. 新趋势，创新品类

产品同质化严重，更新换代快，各种新品牌层出不穷，市场竞争白热化。企业想要开创更具生命力的新品，就必须符合时代新趋势。

有机食品指的是在生产过程中不使用农药、化肥、生长调节剂、抗生素、转基因技术的食品。国际上还把一些派生的产品如有机化妆品、纺织品、林产品或为有机食品生产提供的生产资料，包括生物农药、有机肥料等，经认证后统称有机产品。

消费者越来越注重健康的概念，于是有机产品应运而生。

但是并不是所有产品都能套用新趋势，如食品、化妆品可以套用有机概念，但是香烟本就有害身体健康，即使打上有机的烙印，也不会被消费者认可，也不会开辟出更大的市场。

3. 特性中寻找，做“市场中有，心智中无”的新品类

针对上火后“口干舌燥、内热、咽喉肿痛”等特征，王老吉提出“防上火”独有功效。

实际上，开创市场上完全没有的新品类十分不容易，但是找一些市场上有，而消费者心智认知还比较简单的就容易些。比如，凉茶在南方潮湿而炎热的广东、广西地区早就有，但是就全国范围来说受众并不广。王老吉恰恰抓住年轻人熬夜、爱吃辣、重视养生的契机，开创罐装凉茶新品类。企业一旦发现这样“市场中有，心智中无”的新品类，就可以立刻发挥资金、渠道、经验、团队优势，加大营销力度，让新品类传播开来，率先抢占消费者心智资源。

4. 专注领域，创新品类

市场竞争激烈，品牌想要占据消费者心智，其实还是要深刻领悟消费的本质。消费者买的是产品的价值和自己的个性化需求的满足。而品类的创新也必须基于消费者需求，专注于行业发展，从品类细化中发现差异化空白市场，这将是所有行业的新方向和新风口。

比如，可口可乐是可乐品类开创者，使用经典的红色包装，主打经典味道；百事可乐采用蓝色包装，主打年轻人喜欢的清甜口味。

5. 对立字词，创新品类

创造新品类很难，企业可以从认知的角度找一些对立的词语关联，如黑与白、深与浅、薄与厚、粗与细、干与湿等，即创造一个跟某个品类对立的品类。这样做的好处就是可以借力打力，通过建立与某类领导者品类的关联，提升自己的品牌影响力。它卖瓶装，你卖罐装；它卖经典，你卖年轻时尚；它卖大容量，你卖小包装。

问题来了，企业究竟如何顺应时代趋势，发现和创造新品类，占有消费者心智资源，成为主导品类呢？

说起空调，消费者现在第一时间想到的品牌可能是格力，但其实在20世纪90年代初，春兰、海尔都是空调界的“大人物”。但是格力专注空调品类近30年，不断推出变频、智能空调，从2005年格力家用空调跃居世界销量第一开始，格力逐渐成为空调品类代言人，牢牢占有消费者心智资源。

想要占有消费者的心智资源，成为行业的领导品牌，必须以迅雷不及掩耳之势，告知消费者你是新品类的创造者，抢先占位，建立新品类的代表身份。很多企业创造了新品类、新名称，但是这一步没有做，结果还是难逃被同类企业超越的命运。换句话说，企业不是要成为市场创造新品类的第一，而是要成为第一个占据消费者心智资源的企业。

我们可以看一下瓜子二手车是如何做到的。瓜子二手车为了让广告更广泛传播，不仅请到了孙红雷当广告代言人，而且在各大电视台和媒体每年花费近 10 亿元投放广告，以迅雷不及掩耳之势，让几乎所有消费者在最短的时间内记住瓜子二手车直卖网。所以，瓜子二手车做到了新品类开创，还做到了以最快速度让消费者知道它的存在，因此才能一年销售额破 200 亿元。

后期，如优信二手车、人人车等也跟上来了。但是这个时候拼的是谁占有顾客心智资源，谁最专业，答案自然还是瓜子二手车。因为通过大规模广告宣传和日复一日传播，二手车这一品类直接被瓜子二手车抢滩登陆。

另外，要清楚地知道企业的产品定位针对的是哪些人群，集中优势资源，选择恰当的目标市场。克劳塞维茨表示，如果无法获得绝对的优势，你必须灵活运用现有的力量，在决定性地点创造出相对优势。

有一个鞋子的品牌叫足力健，它的定位是老人鞋，结果在这个点上直接找到了竞争力。

足力健设立了专门的产品研发和研究中心，通过全面调查走访发现，老人由于脚型、穿鞋习惯、脚步问题等，对鞋子的舒适性和安全性有特殊要求。

企业无论生产与销售什么样的产品，只有做好价值定位，并开创出新品类，才能被客户更有针对性地选择和购买，这就是定位群体产生的巨大威力。产品过剩时代，没有全新概念吸引消费者，永远只能做市场上其他产品的跟风者。只有创新品类，占据消费者心智资源，才能跳出竞争红海，开拓新的蓝海市场。

第二节
痛点思维，发现更有价值的利润池

共享单车火爆的秘密就在于它触及了那些从公交下来或从地铁出来，还要换乘或者步行很长一段距离的消费者的需求。

什么是痛点？简而言之就是能让你痛苦、不满的东西。比如，上班、下班时下了公交或地铁，还要走很长的路，才能到达目的地，共享单车正是基于这样的痛点发展起来的。反映到产品和服务上，痛点思维就是能够站在消费者的角度思考让其不满意的需求，然后创新工作方式方法，让消费者获得更多满足感和愉悦感。

什么叫刚需？顾名思义就是消费者当下最强烈的需求。痛点则可以理解为满足需求时产生的障碍。障碍越大，痛点越强烈，其商业价值就越高。高频就是产品被使用的频率高。没有消费者愿意把钱花在没什么用的产品上。

尽管企业很多时候都在强调要站在消费者的角度思考问题，但是真正能够把握住消费者刚需高频痛点的却并不多。高频是什么意思？虽然其字面意思很简单，但它极易被忽视和省略。

消费者背后的潜在需求（简称为消费者的矛盾点），就是有待企业发现的痛点。比如，苹果手机在苹果 3 上市的时候，外壳是圆的，售价 4999 元，结果销量不是特别好，并没有很多人去用它。随后，苹果找到联通设计了一种模式，“充话费，赠手机”，结果苹果4、苹果5、苹果6、苹果7都大卖。

这一模式成功的原因就在于它解决了消费者既想买但又觉得贵的问题，让消费者感觉占了便宜。这种模式解决了消费者的痛点，而且消费者一旦解决了矛盾，就会深入思考：我到底买哪个档次的呢？我到底存多少话费？我每个月是选择流量多的还是话费多的？消费者没有考虑到底买不买，而是考虑到底买哪个、哪个更适合自己。

那么到底什么是矛盾？

矛盾分为很多种，信息不对等是矛盾，兴趣不一致是矛盾，结构不合理是矛盾，关系不和谐是矛盾，价值不统一是矛盾。

因此，痛点思维就在于设身处地从消费者角度思考，并尊重消费者的选择，给予消费者自由。在产品丰富的时代，各种品类产品竞争的激烈程度可想而知。在这样的情况下，只有重视体验，找到真正阻碍塑造良好体验的症结和痛点，才能真正走进消费者的心智，才会受到消费者的喜欢和追捧。

但是，在笔者给学员们授课的过程中，很多企业负责人都会问：“消费者需求不同，怎么才能真正快速地挖掘痛点呢？”

其实有一个简单的方法：换位—场景—直接沟通—大数据收集。

换位，就是消费者足够熟悉产品后，或者当你的产品成为消费者反复使用的产品时，企业调查他们感觉最不满意的地方是什么，使用的过程是不是顺畅，记录下来的这些点就是痛点。

场景，是说在不同场景下，表达意愿和实际效果是有差别的。企业不能从自己的角度出发，而是应该分析消费者行为目的和需求。比如，之前宜家不允许消费者拍照，但是在经营的过程中发现，消费者把照片发到朋友圈反而吸引了更多消费者，于是及时调整战略。

直接沟通，深入消费者，对其进行深度了解和调研，面对面交谈，直接了解消费者的兴趣、困惑以及期望产品达到的效果。

大数据收集，相对来说，互联网是一种捷径，企业既可以直接发现消费者的槽点，也可以以此收集消费者痛点，如通过知乎、百度知道、微博等平台了解消费者痛点。

天堂鸟曾为长春小海丁海鲜企业提供品牌策划服务。海鲜其实大家都吃过，但是海丁的叫法，很多人不是很了解，这是长春一带的叫法，海丁实际上就是海螺丝。

每年1~8月是海螺丝丰收期，海螺丝壳口有肉，为杏红色，螺肉细腻鲜美，有“盘中珍珠”的美誉。

通过为期几天的调研，天堂鸟发现了其品牌存在的问题，如没有明显的 LOGO（商标），缺乏企业定位和行业新品类有效识别性、门店主体装潢过于大众化、企业核心主张不明显、经营风格过于分散。

对此，天堂鸟提出了相应解决方案：打造无衬线字体，突出行业属性；在产品品牌风格上打造统一风格；视觉上给予网络化、客观化呈现。

正是由于抓住了痛点，小海丁海鲜及时调整了策略，“DING 一下，海鲜到家”品牌文化才得以落地，生意火爆异常。

天堂鸟帮其提出的品牌核心价值之一是，专做海螺丝海鲜，当地绝无第二家，让其一下子找到了市场空白。而且现在的年轻人，既喜欢吃小海鲜，又注意健康和安全，吃饭时间还不固定。针对这样的懒人经济痛点，天堂鸟为其设计了“快、新鲜、精致、时尚”的贴心服务。同时，通过调查和访谈，换位思考，天堂鸟建议应该紧跟时代，从支付方式上给消费者更方便的选择。于是，在产品下单环节上，消费者可以选择微店下单、微信私约、电话下单等，体验“DING 一下，海鲜到家”。

毋庸置疑，痛点即卖点，企业发现的痛点越大，解决的痛点越多越快，发展得就会越大越强。

第三节
品牌核心主张，给企业未来新思考

德芙、吉百利、金帝占据中国巧克力市场份额80%以上。尽管这几个品牌的目标消费群都是18~24岁女性，但是德芙却一直领跑中国巧克力市场。

品牌主张是指企业向消费者传达的核心认同和价值观，品牌核心主张指的是品牌的精神主张。

德芙巧克力是很多年轻人喜欢的零食之一。其丝滑的口感，以及广告呈现的牛奶般香醇、细腻、丝滑的感觉，都淋漓尽致地展现了德芙的独特性，其品牌主张就是围绕丝滑进行的，用丝滑恰到好处地表现了巧克力细腻、滑润的感觉。

可以说，德芙的核心主张在于强调其精美格调和甜蜜共分享的亲切感。

其实，每个企业都应该具备四大核心主张。第一大核心主张就是用五行的理论为品牌打基础。

笔者的五行品牌声望理论正是基于此：市场占有率为土，利润率为金。所谓“土生金”，就是说企业只有有了一定的市场占有率，才能赚取更多的利润和价值。

抗风险能力为水。任何企业想要在市场竞争中远航，都不可能一帆风顺，都应该随时准备好应对各种如潮水般汹涌的“水患”风险。所谓“金生水”，就是说企业的利润率和面临的风险是成正比的，企业利润率越高，承担的风险可能就越大。

质量为木。产品被消费者认可是一个漫长的过程，企业都会经历从产品研发到投入生产，到产品逐渐打开市场销售局面，到扩大生产规模，最后到销量减退的过程，如同树木会经历春的播种，夏的滋润，秋的成熟，冬的凋零一般。所谓“水生木”，就是说市场上的风险不断迫使企业升级产品和服务的质量。

品牌为火。品牌表面上看就是一个标志，却在品牌建设中发挥着巨大的作用。品牌就如同火一样，虽然无法触摸，却具有强大的能量。因此，“木生火”，即企业从提升产品质量入手，才能提升品牌可信度。品牌形象和品牌定位的改变，可能带动市场占有率的变动，即“火生土”。

企业在不同的时期和发展阶段，会经历不同的困难和风险，产品生产研发、销售及售后服务要能够做出相应的改变，品牌要相应提升，目标消费群要有所变化，有的放矢才能有所收获。企业这样循环往复，才能不断发展，否则就会被市场淘汰。

第二大核心主张是以营销为焦点，让产品更好卖。德芙巧克力面对各种糖果企业的激烈销售竞争，市场占有率还能节节飙升，除了因为其隶属于世界最大的巧克力和糖果公司美国玛氏公司，在投资上有其他公司没有的巨大优势外，还因为它不断通过更换明星代言广告和宣传对其产品进行营销。在推广力度和范围越来越大的基础上，重复性的营销手段和方式，也让年轻人感觉到新鲜，不会产生反感和疲劳感。传播效果好，营销自然就好。

比如，南方电网公司一直秉承“主动承担社会责任”的经营理念，无论是台风来袭，还是暴风雪将至，都保证居民用电，还积极发挥节能减排的带动作用，赢得了大众的支持和认可。

第三大核心主张是以挖掘中国传统文化为责任，帮助企业找到问题，并肩负社会责任。

责任意味着担当，企业的责任，主要是生产好的产品、提供良好的售后服务、对员工尽职尽责。其实，企业的社会责任还包含创造经济、社会价值，保护环境使其可持续发展。

第四大核心主张是以顶层战略、行业模式为高度，让企业有未来。

天堂鸟合作过一个专门做卷饼的企业，它叫“卷翻天就爱新鲜”。通过与天堂鸟合作，该企业在三年之内有了 57 家分店，而且每家分店的规模都在 200 平方米以上。

然而，原来它的名字叫卷翻天卷饼，这样的卷饼没有直观地给消费者差异化的感觉，于是天堂鸟帮它创造了一个新品类——鲜果卷饼。薄薄的饼皮，裹上颜色鲜艳、当天精选的新鲜水果，再配上美味沙拉酱，消费者吃一口就忘不掉。

有了核心产品，还得延伸出核心价值和主张。其核心价值就是新鲜，核心主张就是健康。让国人吃上新鲜、有营养的健康食物，这是国内所有餐饮企业的社会责任出发点。天堂鸟在其宣传上还借用中华民族中象征吉祥的狮子元素，不仅寓意吉祥如意，而且为大众所熟知。之后通过广告，进行一系列的视觉宣传。消费者在认知的过程当中，一下子就觉得这个品牌有内涵。“就爱新鲜”这四个字就把企业的核心竞争力表达出来了。

产品好、品牌好、主张好，所以产品更受追捧，品牌更受青睐。企业在打造品牌的过程当中，应该针对“90后”“00后”，打造“粉丝”经济，打造年轻化的品牌。

案例三
娜小木——造情怀，做有深度的品牌

所谓鲜花饼，就是以可食用玫瑰花为馅料做成的酥饼，是云南极具代表性的特色食品。

去过云南的人，都知道那里四季如春。想必很多人也都吃过一种叫鲜花饼的食物。它有着酥脆的表皮，甜而不腻的口感，以鲜花瓣为原料。估计人们到了云南都会买一些作为礼物馈赠亲朋。天堂鸟曾与一家生产鲜花饼的企业娜小木合作，帮助其准确定位，造情怀。

娜小木产品包装（一）

娜小木原名大春食品厂，营业 40 余年来，以其正宗口味和祖传手法闻名，在云南当地享誉已久。但是随着品牌时代的降临，大春食品厂依然延续着几十年前的经营方针，在竞争越发激烈的今天，渐渐褪去了一代王者的光环，利润也大不如前。

杨女士接手大春食品厂已经十年了，但是企业的焦点一直是产品，一直都在赚产品的差价，一直都在研发好产品、新口味。在这个过程中，食品厂的资产规模也扩大到 800 万元，开始给别人做代工。但是随着人口红利逐渐消失，她感觉到成本压力越来越大，利润却越来越低。据统计，仅云南省就有大大小小的鲜花饼企业不下 200 家，倘若再算上各种微商和淘宝网店、小作坊，那就根本没法计算了。另外，行业门槛低，从各类品牌到家庭作坊式的小企业，鲜花饼的品质差距极大。

鲜花饼

大春食品厂一直坚持以纯天然鲜花为馅料，用品质和不变的美味说话。然而有品牌的企业，其产品一推向市场就卖了好价钱，赚取了大部分丰厚的利润。这使得杨女士逐渐意识到品牌价值和价值定位的重要性。

为了领导企业走出困境，延续传统特色食品文化，杨女士找到了天堂鸟。她希望找专业的人做专业的事，帮助她找准企业的价值定位，提升品牌价值。

通过市场调研，天堂鸟发现，尽管云南当地有不少的鲜花饼品牌，但是相对于当地的旅游市场和本土市场来说，其销售量和业绩都相差很多。简而言之，很多人购买鲜花饼冲的是云南特产这一说法，鲜花饼并没有真正进入老百姓的日常消费中。也就是说，要想提升大春食品厂和大春饼屋的品牌价值，就需要从给消费者建立鲜花饼消费认知做起，从拓展新的消费市场做起，从找准目标消费群体和细分消费市场做起。

辣木有极高的营养价值，富含人体所需的多种营养物质。

天堂鸟调研发现，大春食品厂的产品都是绿色的。消费者吃没吃过绿色的烘焙产品？好像吃过，但不知道什么是绿色的烘焙产品。天堂鸟发现大春食品厂的产品里加了一种天然植物——辣木。

辣木原产自印度，云南是全国辣木种植面积最大的地区。辣木的花如兰花般幽香，种子有种苦尽甘来的独特味道，根部有辣味，辣木又被称作“奇迹树”。2014年7月下旬，国家主席习近平访问古巴期间，赠送古巴菲德尔·卡斯特罗辣木种子，让这一植物在中国乃至世界名声大噪。

然而，很少有消费者知道什么是辣木，它为什么叫辣木，辣木有什么营养价值。这就说明辣木没有占据消费者的心智资源。而通过调研和分析，天堂鸟发现，来云南旅游的年轻人和小孩是大春饼屋的主要消费群体。这类消费者看重的是“健康”“安全”“时尚”“包装好”。找到了目标消费群的需求，剩下的就是给大春食品厂做策划，帮其改变和提升品牌价值了。

从名字上，大春食品厂和大春饼屋都给人一种小作坊的感觉，没有“国际范”。时代变了，思维就要变，战略和定位就要变。尽管需要不断提升产品品质，开发新品类，但是店还是那个老店，只是换了换装修、增加了点展架和设备，这样是没办法大幅提高业绩的。进入品牌时代，消费者购买的不仅是商品，更是感受和体验。尽管大春饼屋的食物都是绿色天然的，但是没有叫得响的品牌，消费者会质疑其品质。

笔者曾跟随杨女士一起去寻找辣木。当翻山越岭，于悬崖峭壁间看到一株株辣木时，结合云南文化和产品特点，笔者当时心里就有个想法——就叫娜小木吧。这个名字突出核心价值优势，最终成功地塑造了品牌人格，在消费者心中形成品牌烙印。天堂鸟选用“三代人四十年只做鲜花饼”的超级口号系统宣传品牌，让产品直击消费者内心并产生共鸣。在占据消费者心智后，刺激消费者购买，促成消费。短时间内，娜小木的超级宣传口号产生了一传十、十传百、百传千、千传万的效果，传播速度倍增。

江小白就是一个可以拉近品牌与消费者距离的名字，而且消费者听到之后感觉特别亲切。厦门有一个品牌叫苏小糖，专门做烘焙食品和伴手礼，名字听上去也使人感觉十分亲切。

三代人四十年
只做鲜花餅！
Three
generations
of forty years
only the pie!

娜小木口号

天堂鸟还提炼了品牌标准色，使其极具延展性的同时，具备了国际化的高度，并为娜小木设计了更具传播力的整体品牌风格形象。而且娜小木旗下的每一款产品均获得 ISO 9001 认证及 QS（企业食品生产许可），旨在为消费者提供符合国际标准的辣木健康产品。

为了拉近企业与消费者的距离，天堂鸟还设计了乐活女孩——娜小木。

娜小木
LASAMOM

乐活女孩——娜小木

找准目标人群，就是突出地缘文化，打造年轻人喜欢的城市礼品。只卖烘焙产品还不够，还要打造一个城市礼品的概念，娜小木在云南昆明，而云南昆明是旅游胜地，所以消费者到那里旅游还要买些礼品带走，因此，可以将娜小木打造成代表地缘文化的礼品。

因此，娜小木应该是一个青春活泼的形象，这样把它打造成为城市礼品，它更容易被年轻消费者接受，也会由此产生更高的品牌价值。

在云南本地市场，整个烘焙市场的风格千篇一律，品牌在具备云南特色的同时如何突围是个难题。天堂鸟依据 20 多年的品牌策划经验，为其设计了独具云南特色的文化符号“花田美事”，以玫瑰花与云南特色梯田为元素，体现云南玫瑰花海，用手绘线条的形式表现简单、自然、最初味道的感觉。这个文化符号突出了娜小木的品牌个性，并且带有与消费者产生共鸣的情感与温度，使娜小木这个品牌几乎在一夜之间就成了消费者熟悉的好朋友。

娜小木从品牌定位、包装、风格设计，到纯天然绿色玫瑰花馅料和酥脆口感，都吸引了年轻消费群体的关注，成为鲜花饼界的一股“清流”，销量和知名度跟着发生了巨变。

娜小木产品包装（二）

颠覆 定位

最终，通过天堂鸟文化符号系统的灵活运用，娜小木品牌在众多同类竞品中脱颖而出。现在，娜小木已经成为云南鲜花饼的领军品牌，在多所拥有国际航线的机场开设了品牌专营店，蜚声国内外。

第六章

口号定位

——拥有独特性，非买不可

第一节
定位不是树立口号，而是打造超级口号

品牌定位，是构建品牌形象，品牌创立、发展和运作的前提，也是资源合理分配和所有宣传营销活动与开拓消费市场的核心要素，因此在企业的对外宣传中往往会以简洁、明了的语言进行解读。

或许很多人以为定位就是宣传口号，就是通过媒体、广告等渠道大肆宣传理念和传播的过程。实际上定位不仅仅是一句口号，因为一方面，不确切、不细致的口号构思不足以完整地展示品牌定位，反而会助长虚、假、套的风气；另一方面，品牌定位是系统工程，不应以简单的“点”去带动整体营销管理的“面”，这会造成工作上的偏差。

从品牌的角度来说，任何企业都渴望找到一句简单、通俗，又足以表达自己公司文化、业务、规模的超级口号，来直接打动消费者。

今年过年不收礼，收礼只收脑白金。这样的口号就是超级口号。

“不在乎天长地久，只在乎曾经拥有”，是不是感觉这句广告语很熟悉？但很尴尬的是这句广告语属于什么品牌却鲜有人知，其实这是属于一款叫铁达时的手表的广告语。而另一个人头马酒的广告“人头马一开，好事自然来”，不仅让消费者记住了这款酒的名字，还让他们产生了愉悦的感觉。企业有了自己的品牌思维和品牌定位，接下来要做的就是创造有自己标签的超级口号，树立品牌效应，形成超级图腾，抢占消费者的心智资源。

超级口号超级在哪？具有以下特征的口号才是超级口号。

1. 超级口号，包含品牌名

好的口号，是指一旦被消费者记住，别人一提起这个口号，消费者就会在脑海中浮现这个品牌。这源于传播的基本原理：刺激—反射。而有些品牌尽管经营维护了很多年，产品的质量也很好，但是就是不能被消费者记住，其实就是因为口号不够超级。

比如，“收礼只收脑白金”“衡水老白干，喝出男人味”，简简单单一句话，就给消费者留下了深刻印象，还让他们记住了产品的名称。

句式上，超级口号应该是一个陈述句，告诉人们怎么执行。

2. 超级口号一定是口语或者俗语

超级口号之所以易于流传，甚至可以传承百年，就是因为它是能够打动消费者的一句话，可以传达给消费者的亲朋好友。因此这样的话语必须是有利于口口相传、通俗易懂的俗语或者口语，不能是书面语。

“怕上火，喝王老吉”这简单的几个字好就好在能引起一连串的消费驱动：不仅说明了选择这瓶饮料的原因，还刺激了消费行为，而且直截了当，更容易分享和传播。王老吉仅用一句话，瞬间就让消费者铭记于心。

3. 超级口号就是广告和行动

干净看似是酒店行业的基本要求，但近年来酒店行业“马桶门”“浴巾门”“床单门”等卫生事件间歇性频发，干净成了酒店消费的一大痛点。而真正做到干净需要每一个清洁人员细心地打扫，这正是每个汉庭人的目标。

“爱干净，住汉庭”这样一句超级口号，更像是一个行动指引，指引着汉庭在干净卫生上开创了新蓝海战略，并建立起一整套干净行动工程，为亿万消费者出行生活带来实质性的改变。

4. 超级口号，显示品牌对应的目标消费群

每个企业在创造品牌和产品时，都会锁定目标群体，他们往往是品牌的忠实“粉丝”。超级口号就要体现品牌与这一消费群体的关系，说出他们的心里话。比如雅芳的超级口号“比女人更了解女人”，给爱美的女性消费群体一种温暖体贴的感觉。台新银行的“认真的女人最美丽”传达了年轻白领女性对于现代生活的看法和自信心。

5. 超级口号，反映市场形势

超级口号要给消费者一种直观的优势感，让人一听就知道你这个品牌跟其他品牌不一样，一下子反映出自己的品牌优势和个性化。比如嘉士伯提出的“可能这是世界上最好喝的啤酒”。

那么，超级口号是怎样打造的呢？

需要明确的是，超级口号的打造并不难在文字上，而难在占有消费者的心智资源、直接戳到消费者心里最柔软的部分上。好的超级口号能使人有所联想，这就好比一部好的电影、电视剧总有某些情节勾起你对自己生命历程的回忆，让你不自觉地跟着一起哭、一起笑。

比如，脑白金产品的适用群体主要是老年人，但是这一群体又具有传统、节约的特征。因此，产品再好老年人肯定不会主动购买，那么换成儿女送礼呢？即使老人嘴上推辞说“别送了，不要不要”，收到儿女的礼物后也会很开心。

企业只有对产品用户群做了细致入微的了解后，才能真正了解消费者的痛点和需求，才能打造出真正打动人心的超级口号。

而作为送礼佳品，脑白金的市场定价也是经过精心设计的，是建立在深刻理解送礼人心态基础上做出的决定。送礼的话上百元的商品显然比几十元的更上档次。

因此，无论是超级口号还是产品定价，都是抢占消费者心智资源的关键，不是立刻就能想出来的，而是在摸清了消费者想要什么、需求是什么、痛点在哪里的基础上，全面地分析和思考出来的，这样的口号才是超级的，定价也才是消费者能够接受的，这样企业就无须担心消费者会对产品无动于衷了。

品牌的国际化之路，是从明确战略和定位开始的，企业要让消费者直接通过超级口号了解并洞察品牌及产品，继而建立品牌口碑和烙印。

比如郎酒抢占一个“郎”字，然后“爆炸”产出各种产品——红花郎、老郎酒、郎牌特曲。

第二节
抢占字词，就是抢占品牌图腾

徐峥的电影抢占了一个“囧”字，创造了一系列电影。他不仅因此成为国内一线男演员，票房更是屡创佳绩。

其实，这些电影成功的背后，映射了“网红”“囧”字的热潮，它将自黑、调侃与人间有爱的正能量相结合，一下子得到了观众的认可和喜爱。观众看到“囧”系列，就联想到这个字本身的字形，让人印象深刻。

简单的主题和字词，更容易在复杂的市场竞争中占有优势。尤其是在广告铺天盖地的新媒体时代，消费者被大量信息轰炸，反而是那些简单有趣的信息更容易被记住。而抢占一个字词，更是成功抢占消费者心智资源的首选。

因为简单的字词，即使是一个字也会让消费者产生联系和想象，比如，一提到“蓝”，消费者就容易想到蓝色经典，洋河天之蓝、海之蓝、梦之蓝就使用统一的蓝色包装，统一的口号宣传。

对于企业来说，谁能够率先抢到这样简单、认知度高的字词，谁就能够更快、更直接地被消费者记住，让消费者产生联想记忆，提升品牌认知度。

然而，许多企业总是习惯于把重心放在生产上，并绞尽脑汁把产品推到市场上营销，却忘记了自己生产这些“钻头”产品的目的是什么。实际上，消费者需要的是满足需要的“洞”，而不是“钻头”。“钻头”归根结底是实现需求的工具和手段，没有“洞”，消费者根本不需要你的“钻头”。尤其是当同行生产出工艺更精湛的“钻头”时，消费者势必会放弃你的产品。

消费者需要的不是“钻头”，而是“洞”。只有了解消费者，才能不被抛弃。

只有从消费者的认知角度出发，反复研究消费者的需求，才能不被消费者抛弃和淘汰，才有机会抢占一个字词，打造属于自己的品牌图腾。

由于在中国白酒市场上，有一半的消费者喜欢喝浓香型白酒，清香型白酒一直在发展阶段，于是宝丰酒业就打算在“清香”这个词上下功夫，推出了“国色清香”“传世清香”“清香世家”等一系列产品，直接把品牌和产品推向了高端市场。由此，宝丰酒业获得了品牌知名度和美誉度的提升，同时销量翻番。

河南宝丰酒业的主要销售区域为平顶山地区。宝丰大曲在当地知名度比较高，但是形象偏低端。

抢占了一个字词之后，剩下的就是传播。有人说：“一个思想之所以得到传播，不是因为它是对的，而是因为它有趣。”在市场和品牌界也有类似的规律，品牌和产品的传播，也需要趣味性。

比如，家喻户晓的农夫山泉，产自长白山、千岛湖的天然矿泉水，但是它并没有从天然水的角度出发，而是提出“大自然的搬运工”这样的鲜活字眼。这样的比喻，瞬间让消费者知道了农夫山泉的自然性，还富有趣味，利于传播，也利于被大家记住。

完成了超级口号，抢占了字词以后，企业发展之路就越来越清楚、就完成品牌传播了吗？并非如此。品牌传播要讲究高效性，这就需要企业在传播前给消费者脑子里植入品牌图腾。

图腾，是古代的一种符号，一般常被赋予某种神秘的力量、令人崇拜的身份或者象征。品牌图腾可以是一个符号，如 NIKE 的品牌 LOGO 最初由“NIKE”英文字母拼写和艺术化的“√”图案组成。1995 年之后，该品牌 LOGO 就只剩下一个艺术化的“√”的图案。而神奇的是，消费者更容易记住图案，因为越是简单的，人的大脑越容易记住。而且视觉图案是最具广泛覆盖性的语言，不需要发音，全世界的人都品牌图腾也可以是一个人物，比如褚橙的图腾是褚时健。产品刚出来时，没人知道它的品名和LOGO，在爆红之后企业干脆直接用褚时健头像作为品牌符号。

看得懂、记得住。

品牌图腾也可以是一个 IP（知识产权），如天猫的英文名是“Tmall”，天猫亦叫淘宝商城。猫咪对生活环境极为敏感、挑剔，这一形象恰恰符合年轻消费者对产品设计感、质量、售后、趣味性等的要求，也从侧面印证并给天猫进行了定位——“品质之城”。

超级品牌的塑造，从梦想和定位的方向引导开始，通过对消费群体的精准洞察，形成独特的口号和图腾，继而建立品牌口碑和烙印。有了前期大量而缜密的准备工作，才能到最后一步——超级传播。

第三节
就是很特别，非买不可

所谓拥有特性，其实是指与同类产品相比，有明显的差异性或者突出的功能。比如，斯巴鲁品牌汽车，它的特性就是始终使用水平对置发动机，这成就了其品牌的差异化和特性。安装这样的发动机最大的好处就是车辆行驶时平稳度高、行驶动力强劲，车辆更安全。

国产汽车品牌比亚迪，刚开始也没有自己的特性，从2014年开始，就致力于新能源汽车的研发，截至2017年7月，比亚迪拿下了“全球最畅销电动车”的称号。

防止蛀牙可以说是牙膏保护牙齿的基本卖点之一，任何一个品牌都可以率先强调这个特性。但是，当同行产品在防蛀方面比你做得更好时，这个特性就被其他企业成功占据了，这就是“独占定律”。你此时就要转移到重要性稍差的特性上，占据较少的份额，并以此为生。

拥有特性对企业特别重要。一方面，特性是契合消费者需求的；另一方面，特性也符合消费者利益，这都是消费者最关心的问题。

任何品类都包含了无数的特性，而越是能够反映消费者需求、受消费者欢迎的特性，就越容易被市场接纳，潜力也就越大。

所谓拥有特性，实则是一种抢占资源的手段，就是发掘同行产品中没被竞争对手发现的卖点及资源。而且，特性会随着企业的发展和消费者的理解与认知而发生改变。尤其是当品牌发展到一定阶段，都具有一定知名度的时候，特性鲜明的企业就会抢占消费者心智资源，这就是品牌特性的巨大力量。

企业如何才能做到有效区别同行，保护好自己产品的特性不被侵占，最大限度地发掘新的目标消费群呢？笔者认为，要发掘特性，实现定位最优化，需要以下四个步骤。

1. 分析行业环境

分析自己的优势、劣势，与竞争对手相比，你有什么差距，又有什么机会。这样分析的目的就是集中优势兵力，避开对手优势，找到和发现新的特性和行业空白点，找到和对手有差异的地方，达到占领市场的根本目标。

弗若斯特沙利文咨询公司的调研报告显示，方便面在2012年有800亿元的市场，2016年它的市场有812亿元，到了2021年预计方便面市场有937亿元。而方便面市场有两个巨头：康师傅和统一。康师傅的代表作是红烧牛肉面，统一则靠老坛酸菜面打出了一片天。两大品牌之间的PK（对决），谁更胜一筹呢？

有数据显示，从 2014 年开始，康师傅就出现业绩下滑的趋势，尽管其采取了各种手段抑制这一趋势，但还是在 2015 年出现大幅度下跌，相较于往年的营业额，下跌幅度高达 11%。

在康师傅的业绩不断下滑的过程中，其 2016 年上半年营收 279 亿元，净利润为 6.14 亿元，统一 2016 年上半年营收 117.13 亿元，净利润为 7.75 亿元，统一的利润竟大于康师傅的。

方便面作为快餐食品，适应了年轻人追求方便的需求，也符合快速城市化的大背景，尤其随着生活品质的不断提升，人们已经不再满足于普通的方便面，更渴望买到好吃又健康的方便面。康师傅忽略了这样的市场需求变化，只专注于广建工厂扩大规模，提高市场占有率。康师傅的目的是在全中国建立生产工厂，方便营销。而统一定位在寻找差异化，聚焦新品类。

《最难熬的三分钟》是汤达人发布的一个广告片，一经推出就获得 200 万人次点击量。

2. 寻找区别

要想与竞争对手区别开来，就得有特点，这需要企业知道客户需求点在哪里，是否能够通过自己的优势实现这一特点，实现后又能给客户带来什么改变和好处。或者从竞争对手与众不同的地方入手，这个地方就是竞争的关键点。

当所有企业都把关注点放在“非油炸面饼”“面饼分量更大”等时，统一另辟蹊径选择了关注汤——面弹汤香滑，想喝多少汤自己决定。这样的方便面比起传统的方便面，特性瞬间突显出来。

面饼重量不变，汤自由添加，这对于企业来说成本并没有增加。而且，“好面汤决定”一经推出，统一就成了汤面的领导品牌，创新了品类。

3. 提供证据证明自己特性的可靠性

沃尔沃曾拿出高速路上关于车祸的照片，其中一辆车里的人员都受伤了，但是另一辆车和里面的人都安然无恙，第二张照片的特写恰恰是沃尔沃的标志。

4. 重复传播

巩固品牌定位，让品牌升值只有一个方法——重复、再重复，传播、再传播。这就是为什么很多知名企业和著名品牌持续做广告。它们就是想通过不断重复，抢占消费者的心智资源，在消费者心里留下深刻的印记。

实际上，任何一个强大的品牌的独特性，都不是一蹴而就的，品牌至少需要拥有品质优秀的产品或者服务才能够吸引消费者。然后通过口碑传播，扩大知名度，提高品牌信誉，如此才能逐渐形成自己的品牌特性。

案例四
纯一宝贝—— 一句超级口号开辟新蓝海

自从 2015 年我国实施全面二孩政策以来，婴儿出生率有了大幅增长，我国新一轮生育高峰渐渐明显，母婴的数量和规模进一步扩大，从女性怀孕到孩子出生、成长所需要的衣食住行等物品的选择更加多样化，母婴店的数量也随之“水涨船高”。

然而，纵观整个母婴店铺的市场，各大品牌林立，售卖的多是奶粉、童装，产品同质化严重。一个新产品刚推向市场，各个店铺就会全面铺开类似的产品。这不禁让人唏嘘。对于店铺来说，怎么才能突显自己的品牌价值，并将其转化为利润和效益呢?

纯一宝贝就诞生于这样一个复杂又充满激烈竞争的时期。2014 年，纯一宝贝致力于早教课程研发，希望能以长春顶尖的设施来吸引消费者。当时它的定位就是“口口相

纯一宝贝主要针对0～6岁婴幼儿提供高端科学育儿服务，通过引进水育教育理念和蒙氏教育，让宝宝在快乐运动中获得全方位成长。

传，用专业度让消费者不请自来”。

但实际经营状况却不尽如人意，其销售业绩与预想效果相差较远，经过多次战略和装修调整仍旧无法达到预期业绩水平。其董事长经常在开会时问：“我们究竟哪里做得不好呢？按道理说我们拥有全长春最好的亲水设备和国际化的教育理念，为什么消费者就是没有选择来我们纯一宝贝呢？”

就在董事长为此焦头烂额之际，经理偶然机会认识了天堂鸟品牌策划机构，在经过几次接触后，纯一宝贝的董事长意识到：虽然自己拥有顶尖的设备与优质的服务，但是在品牌口号和品牌营销上做得并不到位。

天堂鸟接到纯一宝贝品牌升级的委托后，对纯一宝贝进行了走访调研，了解到纯一宝贝的硬件设备在行业内已经处于领军地位，而品牌营销、品牌包装等环节却不能与之匹配，遂导致业绩达不到预期额度，具体表现如下。

纯一宝贝门店

1. 宣传文案未突出个性

纯一宝贝的宣传文案极力介绍婴幼儿游泳的好处，希望让消费者了解到这一点，从而吸引客流，主观上讲这种方式没有问题。然而，给消费者做普及教育并不是一种廉价的营销模式，知识的普及需要耗费大量的媒体宣传和营销成本，且面临着“为他人作嫁衣裳”的行业风险。

消费者了解到婴幼儿游泳的好处后，很大一部分人可能选择去你的竞争对手那里消费，毕竟你没有宣传消费者必须选择你的理由。

2. 店面形象与客户群体调性不相符

纯一宝贝的目标消费群是 0~6 岁的婴幼儿，但最后产生支付行为的却是家长。然而，纯一宝贝的风格设计并不符合孩子的审美观，孩子们关注的只是好不好玩、有没有趣味、好不好看，在意的不会是每次换水是否干净卫生，不会是什么国际化的蒙氏早教理念、水育理念。而家长的注意力则放在孩子的健康和安全上，比如，孩子游完泳会不会着凉感冒。

3. 设备和物料缺少特色

纯一宝贝的确有优秀的设备和物料，但是没有区别于同行的差异化特色，这就导致了消费者没有必须选择它的理由。消费者认为：别家也是婴幼儿早教和亲水，虽然纯一宝贝的设备好，但是纯一宝贝太贵了，不值得。纯一宝贝没有告诉消费者它的价格高在哪里，消费者花的钱值在哪里。

4. 纯一宝贝缺乏一句叫得响亮的超级口号

比如，水孩子早教提出“活力泳无止境”的超级口号，一下子就传递出其品牌价值和婴幼儿游泳的经营范围。但是提到纯一宝贝，大家却没有印象。

纯一宝贝卡通形象

因此，天堂鸟首先确定了纯一宝贝的目标消费群是0~6岁的孩子，这就是说店面设计、品牌形象和包装都需要围绕孩子进行，从孩子的角度出发，发现他们喜欢的形象。几轮商讨之后，天堂鸟策划提出用美人鱼作为企业形象元素。

而0～6岁的孩子可能不太认识“纯一宝贝”这些字，但一定记得住美人鱼的形象，因为他们大都听过安徒生故事中美人鱼的传说。几次策划研讨设计之后，萌萌的Q版美人鱼形象最终落地。

对于超级口号的打造，天堂鸟从文化上入手，根据长春地域特色，找到了消费者渴望的方向——大海。生活在内陆的东北人（特别是吉林人）都多少有恋海情节（很多吉林人旅游的第一站是大连，就足以说明这个事情的准确性）。家长们渴望大海，也希望自己的孩子接触大海、有大海般宽广的胸怀。

纯一宝贝店内环境

于是，纯一宝贝的超级口号诞生了——纯一，在可以喝的水里游泳。

现在不是仅仅依靠好的产品就能够长久生存的年代了，“酒香也怕巷子深”。企业也需要一个能与产品相符的品牌，这也是之前纯一宝贝忽略的一点。2017 年，纯一宝贝的财报显示，全年净收入增长 35.8%，增长超过预期。

一句超级口号，配上一整套战略措施，开创了纯一宝贝新蓝海。把婴幼儿教育和安全做到极致，重新进行品牌新定位，这就是口号定位的魔力。

超级口号是说给消费者听的，其根本目的是站在消费者角度说一句他们想要表达的话，然后重复传播。

第七章

产品定位

——工艺精中求，占领第一心智

第一节
从产品入手，思考用户真实需求

福特公司的创始人亨利·福特曾做过一个有趣的调查。他曾经问过许多客户同一个问题：“马车时代，你们最需要的是什么交通工具呢？”90% 的消费者的答案惊人一致：最需要的是一匹快马。但实际上，消费者的真实需求不是一匹马，而是“速度更快的出行方式”，而快马只是恰好在消费者认知范围内的一个产品而已。也就是说，能够满足消费需求，又恰好占据消费者心智的产品，就处于行业火山口。

就好比互联网普及之前，人们旅游时想要找个宾馆住下，一般只是沿街去找或者找大型全国连锁店。而有了美团、大众点评这样的 App 后，消费者可以随时随地检索到当地评价最多、最好，距离自己最近的酒店。消费者的真实需求不是一个睡觉、休息的酒店，而是一个更便宜、更舒适安全、更近、更便捷的酒店。

新时代的消费者，其真实需求到底是什么呢？笔者认为，就是在工艺和功能上更进一步，其实就是一个“更”字，这就是产品定位。也就是说，产品定位就是产品某种个性或者特点吸引了消费者的注意和重视，成为最吸引消费者的“黄金之地”。

产品特色主要表现在性能、产地、成分、商标、质量上，从消费者心理上表现为朴素、豪华、时髦、典雅等。

具体来讲，就是产品有什么特别之处，能够解决消费者什么困难和痛点，满足消费者什么场景下的需求。

那么，如何用一句话讲清楚产品定位呢？

产品定位，简而言之就是确定产品在消费者心智中的具体形象。比如，一提到蓝翔，人们就想到中专技校；一提到谷歌，人们就想到搜索引擎；一提到格力，人们就想到空调。产品一旦有了自己的定位，所有活动就会围绕定位展开。

产品定位一般发生在产品生产和市场推广之前，是通过广告和其他营销让消费者认识和了解产品，就是创造消费者购买产品时的选择捷径。

1. 从三方面认识产品定位

给产品定位，也就是确定产品用途和功能，服务的消费人群以及未来产品的走向和发展目标。

（1）产品主要是做什么的？

这比较容易理解，说的就是对产品综合性、概括性的客观表述，目的是让消费者知道产品对自己的意义是什么、有什么价值、能帮助自己解决什么实际问题。好的产品只需要一句话描述，而不是像说明书一样长篇大论进行介绍。

（2）产品是做给哪些消费者使用的？

换句话说，就是产品为谁而生。这里有两方面的意思：一方面，主观上确定服务的是什么样的客户，客户有什么样的特征和需求，以此确定产品定位；另一方面，客观实际锁定目标消费群，这其实是实际调研分析后，根据消费用户需求的强度确定的。

（3）产品发展的大方向是什么？

这可以理解为产品未来的发展走向，主要是通过找到同行业的参照物，找到差异化、避免同质化，建立属于自己的核心价值和优势。

2. 产品定位解决企业三方面的问题

百威啤酒的产品定位于 25~35 岁的年轻人，因此酒味爽口、淡雅；白加黑感冒药定位于上班族，因此主打“白天不瞌睡，晚上睡得香”；清扬洗发水定位于有头屑烦恼的人士，因此主打去除头屑功能。不难看出，产品的定位有多么重要。没有任何一款产品能够在没有进行产品定位的前提下占山为王，更没有什么优势产品能在没有清楚的产品定位前就确立市场领先地位。具体的产品定位解决的是企业三方面的问题。

（1）确立产品在目标市场的地位。

所谓目标市场，指的就是对目标消费群的市场细分后的若干“子市场”，确认目标市场是一个“有的放矢”的营销过程。在产品如此丰富、市场交易自由化的当下，任何企业和产品都不可能做到目标消费群是所有人，只有在细分市场之后做出标准的评估，才能最终确定自己的目标市场。也就是说，你得明白自己产品的主要功能是什么，满足的是消费者的什么需求。

> 其实产品目标市场的确定可以理解为“鱼和熊掌不可兼得”，即取与舍的智慧。任何产品只能满足部分人的需求，而不能满足所有人的需求。

> 比如宝马的产品定位就是司机操纵的驾驶乐趣体验；奔驰则是乘坐的舒适性，也就是针对高级白领阶层；而沃尔沃有“汽车坦克”之称，防抱死系统、侧翼防护，都给人一种更安全的体验。

千万别奢望所有消费者都会买你的产品，这不符合实际，你要思考谁会喜欢、谁会买自己的产品。比如，娃哈哈的产品定位就是儿童产品，而当企业推出“老人燕窝”时，无论投入了多少广告费，采取了多么强势的媒体轰炸，产品都无法被市场接受。而国产的红旗轿车一直火爆不起来，就在于它一直搞不清楚谁才是自己的目标客户群。在目标市场，自己的产品是处于行业领先还是表现平平的地位，则取决于整个企业如何制定战略和进行产品定位。

（2）拓展市场，保持持续竞争力。

精准的产品定位，可以使企业成功发掘自己的独特产品，发现真正被消费者喜爱的品牌特性和形象。否则，同质化的产品必然会“出师未捷身先死”，很难在同类产品中杀出一条血路。

而且，在产品明确了定位之后，在推向市场的过程中，能够跟消费者产生互动也很重要。企业可以通过市场反馈和消费者的反应适时调整战略，及时对产品性能进行改进和完善，在不违背产品定位的大前提下不断适应市场的变化和经济环境的变化。

（3）有助于发现和发挥优势，扬长避短。

精准的产品定位，可以帮助企业认清自己与同行业中的竞品在成本、质量、功能上的差距和优势。通过确定自己产品的优势，打击竞品的劣势，迅速占领消费品市场。否则，盲目性太大，只能误打误撞，极有可能导致营销推广的失败。

产品定位，其实就是在窥测消费者的喜好，然后对产品进行整体的设计和生产，确立其在消费者心目中的位置。其核心在于企业把自己的产品与同行业竞品区别开来，向消费者传达一种消息：为什么要买我们的产品，而不是别人的产品。

第二节
如何产品定位——先胜而后求战

“故善战者，立于不败之地，而不失敌之败也。是故，胜兵先胜而后求战，败兵先战而后求胜。”这句话出自《孙子兵法》的“军形篇”。会打仗的人，想要保持不败，就应该不放过对方的任何纰漏。而军队之所以能够常打胜仗，是因为能够做到先具备必胜的条件，再主动出击，不会随便盲目出击进攻。

现在的商业运作和竞争中，也经常用到《孙子兵法》的“先胜而后求战”思想。尤其是产品进入市场之前，一定要做好定位，做个有准备的人，不要盲目自信地以为“所有人都会喜欢我的产品”，或者“我的产品质量不差，一定能占有一定市场份额”。

这是一个无限开放的世界，又是一个产品无比丰富的世界，那么，如何做到“先胜而后求战”，给自己的产品做好

Pillsbury（品食乐）公司推出了一款被称为"你想要的面粉"的产品，不仅面粉质地细腻，而且在包装内还附赠面食烹饪指南，使其产品很容易就和其他面粉区别开来。

比如，喝饮料只喝可口可乐，而不是百事可乐，也不是非常可乐，这就是第一步，发现自己产品与消费者的认知有什么样的联系。

某品牌挂耳咖啡，其产品定位是"向研磨、速溶咖啡说'不'，在办公室也能随享醇香咖啡"，并直接在包装中附带信函，用"办公室咖啡准备者"称呼它。这样的设计，一看就是直接针对产品使用者的产品定位。

定位呢？可以尝试以下方法。

1. 产品差异定位法：确定自身优势和环境

任何一个新产品问世之前，都需要经历大量的市场调研，这是为什么呢？实际上，这样做的根本目的是获得关于产品在消费者心智资源方面的信息，发掘消费者对产品无可动摇的认知。而通过调研，营销人员会产生疑问：自己的产品究竟好在哪里？与同类产品相比有什么不一样的地方？

然而，这样的差异性很容易被模仿，但是如果产品优势和特征真的是产品本身就带有的，就不会轻易被模仿和超越。比如，苹果手机的界面、系统、芯片都源于自主研发，不易被模仿。

2. 产品使用者定位法：对产品消费群做好细分

对产品的消费受众群体需要做好分析和分割，比如，果味啤酒就是卖给年轻女性的，尿不湿就是卖给婴幼儿的，零食的主要受众群体就是年轻人。但需要这样细分消费群体的前提是，品牌已经占领市场领先地位。这时你需要密切关注的是这类产品使用者的个性特点和需求，这样才能确定产品的品质、价格、服务及地点等。

3. 利益定位法：目标市场是否认同产品提供的利益

某民营性质的医院对目标消费群体做调研之后发现，许多病人其实都很关注个人保健，但是同行业中没有任何一家医院强调“保健”这个利益点。因此，这家医院果断把推销药品定位在“我们关心您的身体健康，健康从日常保健开始”。结果，这家医院通过强调特性，迅速超越了其他同级别医院，还对营造医院内外部形象产生了积极的作用。这就说明，企业在进行产品定位时，要牢记品质和价格会转变为价值的要义。谁先塑造价值，谁就掌握了更明显的竞争优势。

4. 营销组合定位法：确定目标消费群后，需要使营销方案与之配合实施

这是产品价格、渠道、沟通策略有机组合的过程。或许你的产品上市还不到一周就出现了仿冒品，但是营销很难模仿。

5. 分类定位法：你要超越同行业中的谁

如今，市场还是容易出现跟风现象，一个产品做得好，就会出现一批类似的产品，这样企业其实很难有所建树。就好比踢足球，来回控球并不难，但是要想射门进球，你就得越过对方的队员。

也就是说，产品要做的是与同行业中同类产品竞争。尤其是当新产品问世时，这样的分类定位最见奇效，其实就是开创新品类。

啤酒有“液体面包”之称，向来被看作高热量食物。抓住这一需求，美国美乐啤酒生产了一种清淡、低卡路里的啤酒，价格也十分便宜，这使其确立了淡啤酒的市场领先地位。美乐啤酒给消费者一种印象——提及淡啤酒，似乎只有一种，那就是美乐淡啤酒。

但是需要注意的是，产品定位还会受到消费心理、市场竞争、产品本身、广告等因素的影响。消费者的身份、收入情况、社会地位等都会对其对于产品属性、功能等的关注程度和重视程度产生影响，因此企业需要关注消费者的情感因素。另外，产品一经推向市场，无法避免竞争和被比较，所以企业还要明确竞争对手的产品定位是什么，自己的产品怎么才能跟对方的产品区别开来，还有就是要注意产品本身的质量、性能、设计、工艺、产地、价格、包装、服务等有关方面。而广告和媒体则是直接把产品定位提供的声音和图像传递给消费者的媒介，直接影响消费者购买心理，因此也十分重要。

总之，想要产品突出重围取胜，就需要做好足够多的战前准备，关键是做好产品定位。

第三节
抢占先机，优先占位

有一部老电影叫《南征北战》，其中有个叫摩天岭的地方，那里地势高，易守难攻，谁占领了那里谁就为战斗赢得了先机。因此，人民解放军昼夜行军抢占了有利位置，为战役的最终胜利奠定了基础。

《南征北战》是中华人民共和国成立以后的第一部军事战争题材电影。电影中高营长奉命抢占摩天岭高地，阻击前来增援的敌方部队，最终赢得了战争胜利。

同样地，在产品推向市场的过程中，也讲究定位，更讲究抢占先机和优先占位。什么是抢占先机？其实就是最先发现自己的产品竞争优势、抢滩登陆并牢牢占据消费者心智空间的过程，使产品生产者、同行竞争者、消费者在认知上协调统一。

因此，抢占先机、优先占位的一般性步骤是：洞悉产品的潜在优势—选择和确定竞争优势—找准时机和价格，实施产品定位、抢先占位。

1. 洞悉产品的潜在优势

比如，向消费者推销一辆微型车，销售员的讲解一般会穷尽这辆车的所有特点，还会努力强调这辆车会给消费者的生活品质带来怎样的改变。但是消费者在此过程中，可能并没有感受到这辆车和其他车的差异。因此，对于企业来说，洞悉产品的潜在优势，就是寻找消费者购买理由的一个逆向思维的过程。企业可以通过分析市场竞争环境、目标消费群、本企业的产品要素，寻找产品的特点，把特点最靠前的三条变成最大优势。

（1）分析市场竞争环境。

这就是针对同行竞争对手的一个分析过程，知己知彼才能百战不殆。企业需要了解清楚：市场上有多少同类产品；现在最受消费者青睐的是哪几款；它们为什么会那么受欢迎；如果本产品推向市场，最大的竞争对手会是谁；其产品定位是什么，效果如何；目前市场是否还存在空白。

脉动产品的定位是维生素功能饮料。产品上市之初，目标消费群是年轻人。当时恰逢“非典”肆虐，年轻消费群体也正渴求功能饮料，而且脉动口感柔和清爽，可以解渴，一下子同流行的其他饮料区别开来。

（2）分析目标消费群。

消费者偏爱同类产品中的哪些品牌？不同的消费群，对此类产品有什么不同选择方向？企业要探求消费者的心理需求、印象及满意度，寻找消费者还有哪些需求未被满足。

（3）分析本企业的产品要素。

本产品的特点有哪些？是设计新颖、拥有新技术，还是产品品类多元化？与同类产品相比，产品的最大优势和独特之处是什么？与竞品相比，产品有没有什么特点未被充分发掘？

通过以上调研和分析，企业就可以洞悉产品的潜在优势。

2. 选择和确定竞争优势

所谓选择和确定竞争优势，就是对产品定位具体内容的确定，是从具体定位战略和创意出发，确定消费者认可、企业利润最大化、符合企业气质和形象、具有可行性的特点和优势。

（1）消费者认可。

企业必须明确自己选择和确定的竞争优势，是否真的和消费者真实需求相契合，是否真正能帮助消费者解决现实问题、符合其心理期待。

艾·里斯和杰克·特劳特认为，产品定位是基于消费者心理的一种认知过程。也就是说，产品定位，不能只宣传产品的特点和独特优势，而忽视了这种优势是否能满足消费者需求。否则，这样的定位没有意义。

（2）企业利润最大化。

产品定位的实质是在营销过程中实现利润和收益的最大化，而不是突显品质增加成本、减少利润，这并不利于企业的发展壮大。因此，选择和确定竞争优势的时候，必须考虑清楚利润最大化的问题，把定位和整个营销体系放在一起考虑。

（3）符合企业气质和形象。

这是基于企业的长远发展考虑的。消费者对企业会有某种固定或整体感觉，即产品要有关联性、统一性。

（4）可行性原则。

产品定位要好操作、通俗易懂、便于操作，否则会给后续的广告和促销活动带来很多桎梏。产品定位或许不用耗费太多精力和费用，但是一经推向市场，就需要投入大量广告、设计、促销，使这些活动同步进行。尤其是广告、媒体，这些都是绝佳的宣传阵地，可直接推动消费者购买。而大规模的广告投入是需要大量金钱做后盾的，如果产品定位晦涩难懂，导致广告、促销偏离了本意，就会白白浪费时间和金钱。

3. 找准时机和价格，实施产品定位、抢先占位

中国人讲究“天时、地利、人和”，产品定位亦讲究时机和价格。由于产品定位的宣传依赖大量广告和营销活动，因此，到了实施产品定位时，企业就必须考虑整体概念，在突出优势的前提下，通过大量广告，不断触及消费者心智，从而给消费者留下深刻印象，进而让消费者产生好感，与之拉近距离，触发其购买欲。

企业对产品进行定位的实质就是创造捷径让消费者更直观地下决心购买，在消费者心智中确定产品的优势和独特性。

案例五
吉珍米——来自长白山的心意

在接触这个品牌之前，天堂鸟第一次听说辉南县生产的吉珍米，当地人叫它辉南大米，但是天堂鸟甚至连辉南县在哪里都不知道。问了一圈才知道，那里离长白山很近，属于通化市，是当地的产粮大县。

辉南县地处吉林省东南，那里年均气温5℃，年降雨量737.4毫米，有大小河流70多条，无霜期130多天，年平均日照时间为2296小时，十分适合水稻生长，有“绿色大米”之乡的称号。

但是在许多消费者心中，中国最好的大米是五常大米或者盘锦大米。于是乎五常大米这个细分品类经久不衰，大家甚至不买品牌，只买五常大米的产品。五常市和舒兰市挨着，尽管两地不在同一个省份，但是光照、水源、土壤基本没有区别，舒兰大米和五常大米本质上没有区别，但是舒兰大米就是一直卖不火，最后不少舒兰产的大米不得不供给五常，以五常大米的名号出现在市场上。

五常大米的超级口号是：百万无公害，十亿精加工。其产品定位是绿色食品、健康有品质的生活方式，目标消费群是追求生活高品质的消费者、送礼人群及白领阶层。

要想重新给辉南大米做好产品定位，首先需要了解竞争环境和对手的竞争优势。从地域上看，五常横跨四个积温带，昼夜温差大，三面环山，水资源丰富，绿色植被覆盖率达 75% 以上。从种植面积上看，五常大米的种植面积达到 209.8 万亩，年产量达到 23.8 亿斤，名列全国前茅。从口感上看，五常大米清甜爽口，饭粒油亮，晶莹剔透。而且五常大米拥有优质的品牌形象，集“中国地理标志保护产品”“产地证明商标”“中国名牌产品”“中国名牌农产品”和“中国驰名商标”五项桂冠于一身。

天堂鸟分析了同行业最大竞争对手五常大米的优势、定位和目标人群后，给辉南大米（吉珍米）的产品定位确立了三大核心关键词：打破、寻找、塑造。具体来说是打破区域格局、寻找优势、塑造价值载体，以此来成就产品定位。

首先，天堂鸟弱化了地域属性，因为大家不知道辉南，天堂鸟必须降低“辉南”这个词的市场教育成本，更多突出“吉珍”这个品牌，赋予它更多的能量。

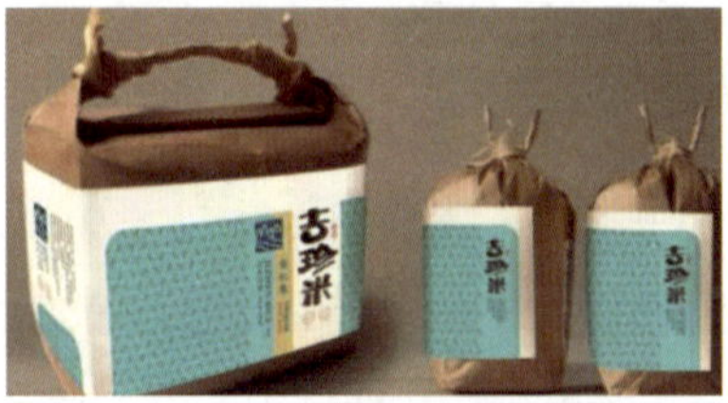

吉珍米产品包装（一）

其次，寻找优势。就是把吉珍米的产品溯源进行深度挖掘，找到更好卖的点进行后续传播。

其一是地理优势，辉南地处吉林省东南部，是国家商品粮基地。地处北纬 42 度，全年有效积温 2800 ~ 3100℃，位于黄金水稻带，日本盛产大米的知名产区——北海道，也是处于这一黄金带上，因此在宣传上可以把这一优势放大。

2007 年，辉南县被选定为国家 30 万亩 A 级绿色水稻生产基地；经国家十二部委批准，辉南县已被列入吉林省首批“全国青少年儿童食品安全科技创新实验示范基地”。

其二是天然优势，辉南县地处长白山山脚下，拥有全国最大的火山口湖群，在这里生长的水稻具有矿泉水灌溉、火山矿物滋养等独有的天然优势。天堂鸟称辉南大米为山泉水灌溉、火山灰土壤种植出来的大米。

最后，塑造价值载体。用天堂鸟的话来说，就是“找到消费者认同的形象，把它打造成一款文化符号”，天堂鸟认为，这个形象非“长白山”莫属。这一形象易识别、易记忆、易关联，富有感染力以及高度的差异化，最主要的是具

吉珍米广告设计

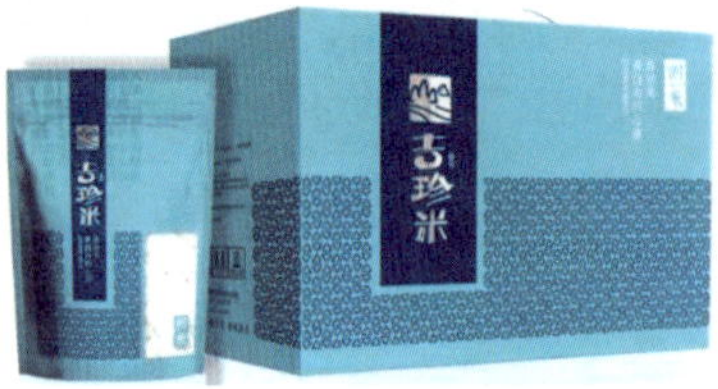

吉珍米产品包装（二）

备广阔的包容力，有利于获得高溢价从而和企业资源能力相匹配，最终统率营销。

产品定位也有了——“吉珍米，长白山的心意”。

天堂鸟还运用马斯洛需求层次理论将吉珍米的产品进行了区分，满足生理需求的是吉珍贸易粮，满足安全需求的是吉珍储备粮，满足社交需求的是吉珍家用商品粮，满足尊重需求的是吉珍高端礼品粮，满足自我实现需求的是吉珍高端有机贡米。

这也就正好回答了很多客户上课时提到的问题：“为什么我们企业以前每年销量都连续增长，但近几年无论使用什么方法，销售额就是上不去，甚至保持原来的业绩都很难？为什么企业越来越难做，怎么才能走出困境？”

天堂鸟诉诸生产地，强调生长环境、农本精神、人与自然以及山水文化，把“山水福地，吉珍大米”作为开门产品的传播主张。为什么叫“山水福地”，因为山有“长白山”，水有“龙湾”，农民们在如画的风景里劳作。这样的本初味道，当然源于自然。

产品定位完成之后，天堂鸟又决定用“地毯式的广告轰炸”作为打开市场的主要手段，便制作了 10 分钟左右的吉珍米品牌形象片。在播放时段上，天堂鸟避开黄金时间段，选择在黑龙江卫视、吉林卫视、辽宁卫视三个卫视早间和晚间 10 点后插播该广告片。这样一来，不仅花销更少，而且制作精美的画面和充满吸引力的语言，给消费者传递了一种“天然纯美”和“惠农”的印象。

任何一款产品的定位是否准确，表面上看取决于它本身的功能和品质，但实际上，提炼出真正符合消费者需求的产品优势，才是真正能够打动消费者的决定性因素。

第八章

区域定位

——放大格局观，满足个性需求

第一节
“尝鲜”，定位新一代

所谓区域定位，指的是企业在进行营销时，应确定产品准备进入的市场销售区域，即确定该产品是进入国际市场、国内市场，还是只在某区域市场销售等。

很多中小企业或许能够在所在地卖得响当当，但是品牌有区域局限性，一旦推向更广阔的市场就面临更加激烈的竞争，甚至可能处在水深火热之中。而结局也可想而知，要么品牌刚刚推出市场没多久，还没被消费者熟识就已经退出、消失；要么资金周转不灵，即将面临被同行吞并的危险；要么合纵连横与其他小企业结盟，瓜分某区域的中低端市场；要么选择“尝鲜”，放大区域观，满足新时代新型消费者的个性化需求、定位新一代。

区域性品牌的产品为何难以大规模打开市场，通过分析也是有迹可循的。一是源于企业缺乏区域定位观，难以找到引发消费者认同的卖点；二是源于缺乏品类聚焦；三是源于内容生产、IP 运营和话题营销的缺乏；四是源于不能准确定位企业及产品的核心价值与利益主张，表述缺乏共鸣和情感；五是源于缺乏个性化主张和超值的服务；六是源于资源缺乏体系和系统整合；七是源于没有对产品进行情景和情感、生活化互动；八是源于没有形成关于产品的生态价值圈和价值链。

中国著名企业家冯仑先生认为，企业长不大，就是因为穿的衣服太小。企业大了，衣服没变，自然会束缚企业的成长。衣服是什么？是企业文化、规章制度、团队管理……最根本的是企业老板的思维。

这其实用小时候学过的一个成语“井底之蛙”来解释会更容易理解。住在井底的青蛙，每天只能看到井口那么大的天空，以为天空真的只有这么大，但实际上天空广阔无垠。企业的区域定位束缚了企业的发展壮大，而区域定位说到底就是企业的格局观和时空智慧。

古语有云：“不谋全局者，不足谋一域。”对于企业来说，谋全局就是顾大局、有格局，就是站在时空角度看问题。企业的区域定位，集中反映了企业的能动性，尤其突出了产品在开发、生产、销售、服务环节的计划性和有序性。

计划性，指的是基于企业实力和品牌影响力的前提下，对企业即将投入成本的产品进行高度集约化资源投入和支配，使之成为统一作战的团队，以发挥最大的市场攻击力。

区域定位，反映的不仅仅是产品营销的地域概念，还有因为地域不同而导致的消费者的语言、风俗、消费习惯的差异性。而企业只有正视这些区域差异性，才能有的放矢，有比如，2003年，会稽山黄酒定位“黄酒之源”，以绍兴为大本营，拓展江浙市场。2009年，会稽山黄酒改变区域定位，转向全国市场，品牌定位为“绍兴人最爱的绍兴黄酒”，无论是包装还是价格，抑或营销模式，都进行了创新。

针对性地制定符合区域特点的营销战略。实际上，区域定位就是一个分析不同消费者特征的过程，是在选择适合自己产品的细分市场，是在综合企业优势、企业资源和结构后，做出的竞争策略的变化。

任何企业想要在区域市场迅速站稳脚跟，能做的就是做好市场调研，集中企业所有优势资源，根据消费者地理位置、人口数量、消费水平进行调研。由于中国省与省之间、地级市之间的经济是有很大差距的，珠三角地区和大西北边陲城市的消费水平也不一样。因此，区域定位在很大程度上能够决定企业主打产品的定位。

而市场究竟有多大，则是由人口数量、购买力、生活方式和消费习惯决定的。因此，这在一定程度上决定了产品的销售方式和渠道选择的不同。比如，在北京这样的一线城市，消费者更习惯于选择大卖场或者便利系统，因此，产品能否占领大卖场和提供便利渠道就决定了它能否打开真正意义上的北京市场。

对于每个已经确定的区域定位，企业需要确定主力消费群是哪些人，以及产品的用途、场景、功能、价格与当地的经济水平、消费习惯、购买力是否相契合。

是否存在产品价格与质量相背离的情况？终端促销有无

新意？同行业竞品的区域定位如何？产品线、定价、渠道、推广、团队都是什么情况？这些都需要摸清楚。因此，营销的重中之重是“营”。“营在先”，胜负已定，说白了就是看谁先找到区域市场定位的突破口，这是破局的关键。而区域定位的关键点就是“尝鲜”，就是塑造产品在价格、营销、品质、规格上的差异的过程。

其实就是思考卖什么产品、营销通过什么渠道、选择什么价格区间、采用什么样的营销策略的过程。产品决定渠道，渠道决定促销方式，竞争水平决定价格和选择。

因此，中小企业与其选择与其他强势企业短兵相接、去抢占微不足道的市场份额，不如集中优势兵力抢先提高某个区域的市场占有率、打造局部优势、形成市场壁垒，从而有效地抵御竞争攻势、稳坐区域市场。

而作为企业的“一家之主”，企业家要想有“会当凌绝顶，一览众山小”的高度，就得不断突破传统思维，放大企业的格局，走一条大成的道路。何况，现在经济环境在变，消费的主体也在变，“90后”甚至“00后”逐步成为消费主体，不“尝鲜”，不定位新一代，何以平天下？

第二节
换个方向，造就国际品牌

实际上，现在很多中小企业都在迎合和满足消费者需求的红海中作战，却忽略了换个方向就能走进企业发展的蓝海。比如，从重视新技术研发转向注意品牌营销，从增强企业竞争意识到真正研究消费者需求和创新需求，这样就一定可以避免与大企业直接打“硬仗”。而且，换个方向，你的产品也有可能成为国际大品牌。

这也就是所谓的“富人思来年，穷人思眼前”的思维，换个角度的品牌式思维。而换个方向其实指的就是换个品牌思维。

这其实就是一个品牌打造侵占性思维的过程。就好比一群鱼都游向同一个方向，但是其中一条鱼突然转向往回游，也许就能看到不一样的风景。这条鱼不太可能是最强大的一条，倒有可能是最弱小的一条，但是在新的地方它却有可能成长为“老大”。

这就是为什么有的中小企业做了几十年，都不知道还有品牌这个概念，没有所谓的品牌思维，更谈不上通过换个品牌思维，让自己成为有文化、有愿景的企业，走向世界大舞台。它们“小富即安”，它们“知足常乐”，这样的思想其实是很可怕的。

也正是由于我国多数企业都有这样目光短浅的想法和行为，才导致改革开放几十年来，我国的本土企业鲜有叫得响亮的国际品牌。如果在世界经济增速放缓的前提下，企业还不思变、不换上品牌思维、不与时俱进地进行品牌建设，估计只能是“赚钱多少事，都付笑谈中”的结局了。

什么是品牌思维？它是买卖的直接推动力。品牌虽然并不直接生产产品，但是能够给消费者构建产品直接形象和直观概念；品牌虽然不直接销售产品，但是能够为消费者提供购买产品的理由；品牌虽然不能够提升产品的品质，但是能够在消费者心智中留下高性价比的印象。

在产品过多、产能过剩、竞争白热化的情况下，更缺乏模式和观念上的创新。企业换一个品牌思维，充分站在消费者角度、站在购买决策的特点与过程角度，反作用于消费者心智，才能真正改变企业现状，提升企业业绩和销售额。

日本的一家企业开发了一款新型家教机器人，但是消费者都普遍反映其过于笨拙。于是，该企业改变了用户目标，将其定位为“智能陪伴”。而家长们觉得孩子缺少玩伴，有个呆萌的机器人能一起玩、一起学习也是不错的选择，于是销量一下子猛增。

想要突破传统惯性思维，换个品牌思维，可以尝试下面的方法。

1. 逆向思考，发掘新的目标消费群

企业更迭品牌思维时，必须想清楚自己的产品是给谁使用的，消费者在使用过程中会有什么样的感受，产品的品质和性能能否打动消费者让其买单。传统行业的品牌思维是先生产出产品，然后再去寻找目标消费群。而随着产品品类越来越细，营销的逐步升级，品牌和消费者的需求越来越分散化，产品很难聚焦。这时你可以尝试逆推思维，创造需求，发掘新的目标消费群。

2. 创新模式，造新概念传播

消费的个性化时代到来了，没有需求可以创造需求，即通过创造概念和创新模式的方式来反复传播、达成。你见过易拉罐装的大米吗？五常大米创始人通过强调大米锁鲜的重要性，提出也应该给大米锁鲜的新理念，进而采用安全又轻便的易拉罐新包装。在罐装时，企业会采用真空抽气，填充氮气，双重锁鲜。密闭的罐装也进一步减少了掺假的可能性。更重要的是，这样做成本反而降低了，易拉罐成本只有几角钱，而平时包装成本则占到了售价的近 1/6。

3. 进攻场景化体验，改变消费者行为本质

这个可以理解为企业在打造一个品牌时，可以创造一个使用场景，不必让消费者随时随地想起其产品，只在特定场

平时消费者可能只在逛街时才会喝奶昔，但是如果消费者最近在减肥，不吃正餐，身体又不能缺乏营养，这时就可以来一盒某品牌代餐奶昔。

合唤起他们的情感和知觉就可以。如日常用品，可以赋予它特定时刻使用的场景。

江小白避开了白酒市场强调传统工艺的营销方式，而是针对年轻人喜欢“小聚、小饮、小时刻、小心情”的场景，推出手工精酿，入口清淡、更顺口的产品；创造了鼻梁上架着无镜片黑框眼镜、系着英伦风格黑白格子围巾、身穿休闲西装的帅气小男生动漫形象；甚至还在瓶子包装上针对不同场景写出了表达不同的心情和情绪的广告语，满足了“80后”“90后”人群的情绪宣泄需求，定位于年轻人消费，贴近年轻人精神主张。

找到下一个突破口，换一个方向，在重新进行区域定位中诱发新的需求产生。当所有人都在游向红海时，不妨转个身，你会发现更广阔的天地。

日本有一家叫“一幸庵”的专门做红豆糯米果子的店铺。店主按照不同的场景，做出不同系列的产品，比如，鸿雁北，就在鸿雁北飞时卖五天，菖蒲华，只在秋风起菖蒲花开时售卖，产品与场景高度匹配。

第三节
品牌会销招商，延续成功不二法

会销招商针对的主要是大单销售，是通过询问、服务、体验等手段，以消费者需求为重点，不断强化其需求和购买欲的过程。

“一个篱笆三个桩，一个好汉三个帮”，商业世界里，同样需要寻找合作伙伴，抱团取暖。而通过会议的方式销售和招商是建立在对目标市场细分前提下，在已经确立了主要竞争对手和销售渠道的情况下进行的一种营销模式。而在国内市场还没有形成统一的流通体系的情况下，会销招商无疑能够帮助企业快速回笼资金、构建区域市场销售网、降低营销费用、抢占市场、提高经营效率、优化重组内外部资源。

而随着各个行业布局的不断完善，会销招商的成本也在逐年递增，经销商也变得更加理性和实际，招商面临更加严峻的局面和挑战。许多中小企业想要通过会销招商打破市场的僵局，但无奈的是，使出浑身解数却也只是赔本赚吆喝，投入的费用和实际效果严重不符。企业纷纷感慨：“会销招商，会的才能销售出去；不会的，只能越招越伤。”

而笔者在给众多企业做了咨询和服务后发现，企业之所以在会销招商上会陷入困境，主要是因为其不能准确把握具体环节之间的衔接。笔者认为，要成功会销招商要做好以下几个步骤。

1. 做好定位，先着手企划

做好定位，其实就是有针对性地招商，明确自己的产品要卖给谁，究竟需要招哪些地方的经销商。毕竟，任何企业的财力、物力和人力都是有限的，不可能全国、全世界撒开了做，那样会遇到无数的后续问题。以医药行业为例，会销招商之前，企业应该准确给自己的产品分类，深入了解自己药品的功能、作用、适用人群、成本等。还应该针对市场竞争环境，对竞品有明确的定位，然后提炼出自己产品的不同之处和核心优势、主要诉求，确定价格和目标消费群，以此为区域定位导向，设计相应的包装、文案及广告。

找准经销商则需要考虑当前销售的产品，其所在行业的状况、企业规模、团队力量、资金实力、覆盖区域等，主要看产品渠道和行业背景。

2. 探索新模式，打造样板市场

什么最能吸引经销商？无疑是好的盈利模式。企业如果在会销招商前，连自己产品采用什么市场营销模式都没搞懂，就盲目地开始大范围地区域性招商，就是典型的圈钱式的短线操作，它不会给企业带来长期的利益。

好的盈利模式会呈现一种价值感。而提高产品的价值感必须建立在满足消费者心理需求的基础上。比如，物以稀为贵，利用稀缺原理提升价值感和影响力；利用社会认同感原理，通过现身说法或者老带新的方式，获得认同感；利用第三方权威专家身份，提升产品信誉，保证销售效果；通过提供服务，满足消费者心理需求，进而获得消费者信任；用奖品促销，让消费者感觉自己占了大便宜，提高销量。

一般来说，企业想要实现会销招商成功，应在明确区域市场定位之后，考虑产品的长远格局；应通过打造样板市场，以及在样板市场的试销活动中进行摸索。这样做一是为了摸索经验，寻找最大盈利模式，为会销招商提供有力的证明和支撑；二是通过打造样板市场，锻炼队伍，为后期市场营销操作提供强有力的人才基础，而投入样板市场的实操，也会为后面制定完善合理科学的招商政策提供有价值的决策依据。而对于实力雄厚的企业来说，打造样板市场，实际上是掌握市场主动权，让隐性风险最小化的策略之一。

3. 政策互利互惠，资源整合共享

制定合理科学的招商政策对企业来说也是至关重要的，企业需要本着有利可图、互利互惠双赢的标准制定招商政策。具体标准可以分为：经销商资质要求、首批订单数量要求、退换货机制、返利规则、合理的代理价格、丰厚的利润、有无必要的市场支持等。

而会销招商还需要大量的推广会、媒体推广、会展及协会组织推广等手段进行反复传播，再加上有效对企业内外部资源进行整合和优化，才能达到实际效果。

而寻找一些有经验、资源丰富的专业营销策划公司，则是一种“四两拨千斤”的直接办法。

4. 配套售后服务，真正解决问题

有句话叫“三流企业卖产品，二流企业卖服务，一流

企业卖标准”，“不只卖产品”也是很多中小企业追寻的目标。无论是什么行业，经销商都希望在实现盈利的同时，能够得到真正有意义的帮助和服务，而不只是把产品在仓库间来回转来转去。

如何做好配套的售后服务呢？一是需要保证产品供应及时和物流配送流畅；二是能够根据市场的变化，做好及时跟踪服务，提供实时的建议，能够真正帮助客户解决实际困难和遇到的问题。

5. 打造精英队伍，贵在有效执行

“知易行难”，很多企业在产品会销招商中也容易遇到同样的问题。没有好的执行，招商难逃夭折的命运。而想要强化执行，提升企业各方面的行动力，关键是打造一支有团队精神的营销队伍。

正确的做法是把这支队伍放到样板市场中进行实际操作，从理念、产品知识入手，对营销模式、消费者心智、沟通技巧、言行举止进行全方位培训，并不断通过设置有诱惑力的绩效考核等方式，激发员工工作动力和内在潜质，实现员工与企业的共同发展。

尽管整个世界的经济形势并不乐观，国内也正面临供给侧结构性改革，产能过剩和部分企业被淘汰是必然结果，众多企业都在面临新的机会与挑战。但是万变不离其宗，从产品到消费者、从营销到竞争、从自家企业到同行竞争对手、从本量利到区域市场占有率，思维决定出路，会销招商决定企业能否走得更远。

案例六
喜茶——成为云南地域名片

许多新一代年轻人不在乎产品的价格，不在乎耗费多少精力，只在乎产品的品质和情感上的共鸣，更在乎是否“对味”。他们甚至会不自觉地把同行业中顶级的品牌拿来和你的品牌做对比。

星巴克如今已遍布中国 140 多个城市，拥有超过 3300 家门店，单天的销量就可达 30 万杯。星巴克在中国的圈地运动，让中国很多传统茶企感到十分头疼。

而喜茶主打“品味茶之美”，誓做奶茶界的“星巴克”。喜茶起源于江边的一条小巷，原名皇茶 ROYALTEA，为了与层出不穷的山寨品牌区分开来，故全面升级为注册品牌喜茶 HEYTEA，通过重新区域定位，目标打造国际品牌，定位新一代年轻人喜欢的茶饮，从品牌、包装、原料到口味、产品制作全方位升级，打造新一代奶茶，呈现来自世界各地的优质茶香，风靡珠三角地区。

打造奶茶界“星巴克”
做出以茶为基础的一种文化
打造“新式茶饮+新空间”

喜茶品牌定位

在中国，奶茶大概出现在20世纪80年代中期，但是由于缺乏准确的概念，所以当时奶茶业并没有发展起来。到了2000年左右，以果味茶粉勾兑的街边茶摊出现，价格在1~3元不等。这时的奶茶冲饮快捷，但口感和品质都一般。到了2004—2006年，桶装奶茶异军突起，有行业标准的奶精正式登台亮相。到了2009年前后，随着人们生活水平的提高，人们对奶茶品质的要求也越来越高，使用专业定制机器和由专业人士现调现摇的奶茶出现，其奶香四溢、茶味清新。尤其是添加了进口高浓缩水果原浆后，其口感更加清甜、不腻。

而不同于杯装奶茶和袋装奶茶，市场格局基本被大品牌瓜分的现状，如今现冲奶茶行业尽管入行门槛低，但行业竞争非常激烈，“80后”“90后”“00后”等主要消费群更渴望有高品质和国际品牌的奶茶出现。

喜茶的创始人聂云宸，从做茶饮起，就给自己的茶饮定位，即从江门小城市的小档口做起，目标是中国年轻茶饮第一品牌。他通过调研发现，爱喝喜茶的 80% 为“90 后”，而“90 后”消费群主要的特点就是不从众、自我意识强、思维和行为互联网化、乐于接受新事物、更关注颜值和满足自身享受。而这些特点组合到一起就是：定位新一代，打造高颜值、新口味。

所谓品牌溢价，就是物有所值，可以是某种互动体验、服务升级，也可以是品牌名气，或者是包装很有颜值。

因此，喜茶从杯盖、店面、LOGO、杯体设计，到微博、公众号、店铺主页设计都从细节上透露出特色和精致，消费者也从中看得出其在产品颜值上花费的小心思。而且“90 后”新中产阶级，大多愿意为品牌溢价买单。

喜茶摒弃了以前奶茶店铺为了降低成本和提升流量，只把店铺开在百货商场或者购物街的传统，其店铺多开在写字

喜茶门店从只开在江门市，到2013年布局珠三角，再到2017年2月入驻上海、2017年8月入驻北京，喜茶多布局在移民城市和拥有大量白领阶层、生活节奏快、接受新事物意愿强的城市。

喜茶门店

楼里，且装修得很有美感，桌椅多为简约设计。

泰国有一家滤镜餐厅 Hashme，专门为食物拍照爱好者们提供了一个拍摄场地。餐厅的色彩、家具陈设、光线、墙壁搭配得当，无论怎么拍都好看，一下子刺激了消费，让客户自愿为产品宣传，这个吃饭的地方也成了摄影的热门地。

市面上的奶茶多有椰果等各种添加物，但聂云宸始终认为这种非天然的东西不是“90 后”中产消费者真正喜欢的，只是市场没有提供更好的东西。于是他利用逆向思维，把自己放在消费者的位置上，每天去微博搜评价，尤其是差评，找来各种新鲜的茶叶和鲜奶进行调配，渐渐地他发现许多茶叶做成奶茶后会自带清苦的口感，为了降低这种口感，他遍访各个生产茶叶的企业。最终他选择了台湾南投的茶叶，并通过特殊熏烤工艺改良，压低了苦涩味，再配上现调的奶霜，让喜茶入口浓郁、回味无穷。

喜茶充分挖掘芝士奶盖茶开创者的噱头，利用消费者的好奇心和饥饿营销的理念，从开业之初就出现限购和排队情况，让消费者产生一种想来一杯试试的感觉。与各大公众号如“广州吃喝玩乐”“粤生活”等新媒体强势合作。喜茶还利用朋友圈进行宣传，开业前三天买一赠一，然后借助 7 小时排队效应和消费者自发的晒图，进行二次传播，扩大影响力，并大范围投放软文广告。这也使得喜茶频繁进入消费者视线，让大家慢慢记住了喜茶。

聂云宸曾透露，现在喜茶的门店中，生意一般的月营业额也在 100 万元以上，生意最好的可以做到 200 多万元。“以传统文化和茶底蕴为基础，不只是中国，希望把茶带向世界”，这就是喜茶的最终区域定位。

喜茶曾于 2016 年 8 月获得 IDG 资本以及知名投资人何伯权总计逾 1 亿元的投资。2018 年，喜茶公司正式完成了 4 亿元的 B 轮融资，投资方是美团点评旗下的产业基金龙珠资本。资本进入茶饮市场，喜茶还新增了外卖和海外的业务。

重资入局，茶饮品牌市场狼烟四起，而投资者看中的不仅是喜茶的品牌价值，更是其中国茶谋求世界大舞台的定位。

期待更多的中国品牌能够定位新一代，期待诞生更多的真正国际品牌，用不断放大的区域定位做大做强自己的企业。

第九章

文化定位

——寻文化源头，做行业翘楚

第一节
未来经营者必须了解的文化现实

世界上最经久不衰的东西是什么？

笔者的答案是——文化。

文化是一个民族传承的精髓，见证了一个民族的发展。对于企业而言，文化同样占据着十分重要的地位。

企业文化，也可以称为组织文化，体现了企业的价值观、信念、仪式、符号、处事等各方面特质，以及通过上述特质所传达出来的文化形象。简而言之，企业文化就是企业在日常运行中的所有表现。

从层次上看，企业文化可以分为三个部分。

（1）表面文化。这一部分指的是企业的物质，也可以说是企业的“硬文化”，如设备、场地、产品、质量等。

（2）过渡文化。这一部分指的是企业的制度，如领导体制、规章制度等。

（3）核心文化。这一部分指的是企业的精神，也就是企业的“软文化”，主要包括企业的使命、价值观念、员工意识和素质等。

近年来，随着大家对于文化的关注，很多人都意识到了企业文化对于一家企业的影响，因此越来越多的企业开始关注并重视企业文化。有的企业不惜聘请团队专门为自己打造企业文化，将企业文化放在了经营的重要环节。

作为企业不可或缺的一部分，企业文化对于企业的影响很大，直接决定了企业的经营环境、员工素质、行为规范等，间接影响了产品或服务的质量。如果企业文化是积极向上的，那么将会对企业内部形成凝聚力和向心力产生巨大的推进作用，使企业资源得到有效配置，进而提升企业的市场竞争力和综合实力。

总体而言，优质的企业文化对于企业的影响可以归结为以下几点。

1. 促使企业内部产生凝聚力

企业文化对企业内部而言是一支强心剂，能够起到稳定军心、凝聚力量的作用。企业文化可以让员工紧密团结在一起，形成巨大的向心力，让全体成员万众一心、步调一致，共同为事业而奋斗。

事实上，员工的凝聚力会受到企业目标的影响。如果企业能够选择正确的根本目标，那么企业内部自然会产生凝聚力，可一旦企业选择了错误的根本目标，那么企业凝聚力就无从谈起了。

比如，企业的目标在符合自身利益的同时，又能够顾及大多数员工的利益，实现集体和个人双赢，那么这家企业就拥有了产生凝聚力的利益基础。否则，在没有这个基础的前提下，任何策略的实行都无法产生真正的凝聚力。

2. 促进员工形成主人翁意识

企业文化能够起到激励员工发展进步的作用，并让员工产生主人翁意识，自觉按照企业的要求去做事。企业核心价值观和企业精神，对员工来说就是一座灯塔，让员工能够知这种主人翁意识能够进一步激发员工的积极性，让员工主动将自己的潜能激发出来，并且享受良好的工作氛围，感受工作带来的愉悦，而不是把时间浪费在钩心斗角上面。如果员工在工作中体会不到快乐，自然就会产生消极心理，工作结果就会受到影响。

相对而言，企业文化是一种不太强硬的约束，需要依靠员工的自觉性，需要员工主动地进行自我约束，明确自身的工作意义和方法，进一步增强自己的责任感和使命感。

道自己脚下的路在哪里，让企业和员工的意愿、远景等因素实现统一，促进企业发展壮大。

3. 形成员工的自我约束

产生主人翁意识并不意味着可以放纵自我，企业文化对于各种规范也进行了明示，告诉员工哪些事情可以做，而哪些事情是不允许出现的，包括道德、行为等方面的规范。当员工将企业文化放在心里时，就会感受到企业文化的约束力，从而严格规范自己的行为和信念。

4. 促进员工发展，带动企业发展

在企业文化中，存在对员工的约束，自然也存在对员工的奖励。好的企业文化，能够带动企业健康发展，通过一系列的举措让员工积极学习、进步，在工作中充满热情，通过不断学习新知识来增强自己的实力，进一步提高生产效率，带动企业的效益。

5. 吸引合作伙伴

一个善于交际的人必然充满了人格魅力，一家能够找到许多合作伙伴的企业必然也充满了魅力。

这个魅力体现在哪里？自然是体现在企业文化上。企业文化包含了企业的使命、价值观，自然也表达了企业对待合作伙伴的态度。如果一家企业充满了诚信、积极向上的企业文化，不仅对员工有极大的吸引力，对合作伙伴也有很大的吸引力。

无论是客户，还是供应商，抑或消费者，谁不希望自己合作、消费的企业是一家文化品质优良的企业？企业文化的作用可见一斑。

优秀的企业文化能够帮助企业吸引人才、稳定人才，同样能够帮助企业吸引合作伙伴、稳定合作伙伴。在同等条件下，人们自然愿意找一家企业文化更优秀的企业去工作，找合作伙伴亦如此。这就是企业文化的魅力所在。

总之，企业文化对于企业而言，其作用无可取代，也不可磨灭，关键是如何去打造优秀的企业文化。只有企业文化足够优秀，才能帮助企业产生更大的竞争力。如果企业文化充满了负能量，还不如没有。所谓宁缺毋滥，就是如此。

第二节
营造优秀的企业文化

如何营造优秀的企业文化?

企业要明白企业文化代表了什么。企业文化诞生是有条件的，并且企业文化是能够在所有员工身上体现出来的一种价值，包括员工的意识、价值观、道德观、行为规范等。

很多企业都意识到了企业文化的作用，明白企业文化对于企业的执行力、竞争力等方面有着积极作用，为此它们热衷于聘请一些人来为自己设计企业文化。不可否认，其中确实有一些较为出众的策划人，但很大一部分人都是滥竽充数，想了几句响亮的口号和标语，就拿来充当企业文化。企业老板就直接拿过来，告诉员工这就是企业文化，并且要求员工每天诵读。

这种所谓的"企业文化"除了浪费时间外，再没有任何作用。要知道，企业文化并不是由谁设计的，而是"企业"发展过程中逐渐形成的，围绕着企业自身发展而展开，以其价值观为核心。

企业文化作为系统管理工程，其意义绝非几句口号、一个标语就能表示或取代的，也不是谁敲定了后就可以广为流传的。企业文化应该具有十分鲜明的个性和标志，能够体现一家公司的形象和过往。只有这样的文化才是企业文化，才能为企业带来真正的效益，才能帮助员工产生凝聚力，提升企业的综合实力。

因此，企业需要经过一个实践和被人认同的过程，才能形成对内、对外都具有吸引力的企业文化。具体来说，优秀的企业文化拥有如下特点。

1. 独特性

企业文化代表了企业的个性和特色，体现了一家企业独有的文化沉淀，是企业成长过程中留下的宝贵财富，因此企业文化千差万别，每家企业的企业文化都不尽相同。→

之所以产生这种现象，是因为各家企业所处的行业不同，之间没有相似性，即便行业相同，也会有不同的经营策略和商业模式。这些企业的管理特色、发展阶段和目标、员工素质、面临的市场环境等都不同，所以企业文化也会有差别。

2. 继承性

优秀的文化应当具有继承性与被继承，企业文化也不例外。企业文化产生在一定条件下，是企业历史长河中闪现的宝贵精神财富，所以，优秀的企业文化应该继承来自不同地区的优秀文化，同时能够传承下去。

3. 整体性

企业文化是针对企业而产生的，应当是一个有机的整合结构体，员工是企业的重要组成部分，两者之间的关系牢不可破，并且相辅相成。只有实现企业和员工目标的有机结合，才能够实现企业整体发展。

4. 人本性

企业文化的核心其实是人，因为企业文化无论如何表达，最后都要落实在员工身上。所以，企业文化应该以人为本，注重员工的全面发展，对员工进行激励、凝聚、鼓舞和培育，让员工与企业共同成长。

企业文化着重强调了人的思想观念、道德水平、价值观、行为规范等，这些因素占据了企业管理的重要位置，因此企业文化要对员工给予一定的理解、尊重和关心。

5. 认同性

企业文化的好与坏，最直接的体现就是员工是否认同。前面提到企业文化的核心是人，如果大部分员工都无法接受、认同这个企业文化，就可以证明这个企业文化并不算好，至少不算适合这家企业。

在实际中，有一部分企业的负责人在进行管理时，会掺杂着一些自己都无法接受和认同的观念和做法，并且要求员工去执行。比如，有的企业对外声称民主决策，要求员工实事求是，但实际上，所谓的民主决策都变成了形式，管理层在听取大家的意见之前就已经做出了决定。这样的文化自然不会得到员工的认同，但是员工敢怒不敢言，这就形成了说一套做一套的工作方式。

6. 真实性

真实性是对企业文化的基本要求。正所谓上行下效，如果老板是一个言而无信的人，那么传递出来的企业文化自然也充满了言而无信的意味，员工当然也会跟随老板的脚步行事。可想而知，这样的情况将会造成什么结果。

一家企业的墙上贴着一行字：踏踏实实做事，实实在在做人。这是老板请人所做的“企业文化”，且不论是不是有用，总归是激励人的。但实际上，这家公司的工资没有按时发放过，老板许下的承诺都不肯兑现。“上当受骗”的不仅仅是员工，还有很多客户，这种行为与“踏踏实实做事，实实在在做人”实在是背道而驰。这样的公司不会存在太久，即便存在，也会人心离散。

7. 积极性

优秀的企业文化能够调动员工的积极性，让员工产生使命感和责任感，让员工认为未来是有希望的，在企业工作是有前途的。反之，员工必然会变得消极，对工作和生活充满不满情绪，无心工作。

8. 简约性

企业中员工的素质参差不齐，企业规模越大，这一点就越明显，所以企业文化一定要足够简洁明了，让人看一眼就能明白、能记住。企业文化可以适当缩减，甚至可以精简到一句话、一个词，精简以后还要让员工能够看懂其内涵。

时代在发展、在进步，企业文化同样需要随之改变，但不能盲目照搬照抄，一定要跟随自身的内在要求变化。适合自己的，才是最好的。

第三节
符号学在文化定位中的作用

也有人认为这并非钱德勒在为符号学下定义，而是在造词时对词汇进行的解释，用一个拉丁词源词对一个同义的希腊词源词进行解释，对西方国家而言并不算是“从没有见过的稀罕事”。

钱德勒在《符号学初阶》中表示：符号学是研究符号的学说。这是他对于符号学的定义，紧接着他表示：如果你不是那种人，定要纠缠在让人恼怒的问题上让大家干等，那么就往下谈……

这着实让人有些摸不着头脑，那么，符号学究竟是什么？

安伯托·艾柯将符号学定义为“符号学研究所有能被视为符号的事物”。

除了安伯托·艾柯外，还有很多人对符号学进行过定义。索绪尔在建立符号学这一学科时认为，这将是研究符号作为社会生活一部分的作用的科学；意大利符号学家佩特丽莉则认为研究人类符号活动诸特点是符号学的定义。

福柯在著作《知识考古学》中表示，可以把使符号“说话”，发展其意义的全部知识，称为阐释学；把鉴别符号，了解连接规律的全部知识，称为符号学。怀海德与福柯的观点相似，他认为：人类为了表现自己而寻找符号，事实上，表现就是符号。

以上是国外一些学者对于符号学的定义，而我国也有人对符号学进行研究。1926 年，赵元任在上海《科学》杂志上刊登了一篇题为“符号学大纲”的文章，文章中出现了“符号学”这个中文词，并指出符号这东西是很老的了，但拿一切的符号当一种题目来研究它的种种性质跟用法的原则，这事情还没有人做过。

也就是说，赵元任认为无论是中国还是外国，都没有人做过这件事。赵元任提出的符号学，与索绪尔等人提出的符号学并不相同，是独立于这几人所提出的。

1993 年，赵毅衡对符号学下定义：关于意义活动的学说。他认为符号是被认为携带意义的感知：意义必须用符号才能表达，符号的用途是表达意义。反过来说，没有意义可以不用符号表达，也没有不表达意义的符号。

也就是说，如果表达和理解不具备意义，“人化”的世界就荡然无存，人的思想也将是一个未出现的事物。因为人们只有用符号才能思想，换句话说，思想是人们产生并且接收符号的过程。

事实上，符号毫无例外是文化的一部分，但文化是一个很难界定的东西，因此这个范围究竟是什么，至今也没有一个定论。

虽然对符号学的界定众说纷纭，但人们对于符号肯定不陌生。

皮尔斯认为，由于与对象的关系不同，可以将符号划分为三种：像似符号（icon）、指示符号（index）、规约符号（symbol）。

1. 像似符号

顾名思义，像似符号就是通过符号的像似性来指明动向，就像是古人发明的象形文字。人们对事物的感知受到事物形状的影响，因此很多事物都能够找到相似的替代物，这个替代物就可以是潜在的像似符号。

人们看到十字架形状的东西会想到教堂，看到五颗五角星会想到国旗，看到“×”就知道这件事是错的或者是不被允许的……其中有些是相似的，比如十字架、五角星；有些是约定俗成的，比如“×”。

2. 指示符号

指示符号就是具有指示作用的符号，表达了因果、衔接等关系，因此才能作为提醒让接受者知道符号表达的意思。或者说，这类符号出现的意义就是让人看到符号对象。

这类符号也很常见，比如汽车转弯、酒后驾驶的危害、温度计显示的温度等。指示符号是人们能够根据各种与之相关的信息，通过推测得出符号所传达的信息，不需要做出额外的解释的符号。

3. 规约符号

通过社会的约定俗成表示某种意义的符号就是规约符号。这种符号和对象之间不存在必要的联系，是十分“任意”的符号。

这种符号在交通运输上十分常见，也是用得最多的，比如红色和黄色代表警示的含义，斑马线、人行道以及红灯停、绿灯行等。

符号在企业文化中也占据着很高的地位。比如，人们看到苹果或者被咬了一口的苹果，就想到美国的苹果公司，以及其产品；看到大写的“M”，就想到麦当劳；看到金黄的小米，就想到小米科技以及其产品……这样的例子还有很多。

这些符号不仅仅是一个象征物，其背后都有着独特的含义，也包括了企业文化。符号让这些文化更加深刻地刻在了每一个人的脑海里，符号学对于文化定位的意义，就在于此。

案例七
从红舞鞋到当瑟品牌文化“全”运营

企业要想做大做强，离不开领导者的初心、使命。

天堂鸟的合作伙伴里有一位是做舞蹈教育的，她毕业于中央戏曲学院，虽然学的是舞蹈，但毕业之后怀揣着能够为国家做贡献的梦想，有着十分浓烈的报国情结。她坚定地认为自己的使命是打造一个属于自己的世界级舞蹈品牌，所以她建立了红舞鞋。

建立红舞鞋的时候，她还没有品牌意识，不知道怎么去打造品牌，也从来没产生过要打造一个品牌的念头。直到有一天，一位熟人打通了她的电话，一阵寒暄后，对方说道：“听说某某路路口新开了一家红舞鞋，你又开了一家新店吧，恭喜你了！”

她当即说：“没有，那不是我的店。”朋友没再说什么，她也没意识到什么，这件事就这样不了了之。

基于当时的条件和情况，天堂鸟为她制订了一个品牌飞速成长的三步走计划：建立全球性的战略布局；建立国际化的品牌形象；设定世界级的品牌背书。

再后来，她接连收到了几个电话，都是问她新店的事情，这让她坐不住了，她认为一定要做点什么才行。后来，笔者和她在北京认识了，她当即决定要和天堂鸟展开合作。

确定合作后，天堂鸟开始对红舞鞋进行调研，发现她的店都在山东淄博，生意算不上好，但也不算特别坏。调研后天堂鸟得出了结论——她的店有很大的提升空间。

第一步是建立全球性的战略布局。在展开合作后，天堂鸟先是辅导她在北京建立了一家运营中心，既然要做全球性的战略布局，就不能将总部继续放在山东淄博，这对以后的发展十分不利。听了天堂鸟的建议后，她在北京成立了一家运营中心，开始了改变的第一步。

第二步是建立国际化的品牌形象。一个品牌的名字决定了它的格局，之前她的店叫作红舞鞋，这一名字虽然有些世俗气息，但是让人感觉很熟悉，这也算是一个优势，但是这个名字已经被人抢占了，连英文名“dancer”也无法注册。最后无奈之下，换了另一个名字，也就是后来的当瑟。

解决了品牌名字的问题，就要对“硬件”下手。要做成世界级的品牌，就应该让场地具有国际舞蹈艺术殿堂的氛围，原本的装潢显然达不到这种要求，因此天堂鸟没有将它改名为当瑟舞蹈艺术学校，而是叫它当瑟国际舞蹈艺术中心。

确定了名字，也就确定了方向，天堂鸟决定沿着这个方向，看看世界上其他著名的舞团是什么样的。天堂鸟先后参观了英国皇家芭蕾舞团、莫斯科大剧院芭蕾舞团、美国芭蕾舞剧院，最后参观了中央芭蕾舞团，紧接着浏览了多地的世界级殿堂。

看了一遍世界，天堂鸟决定将国际舞蹈艺术殿堂作为当瑟的价值载体，让当瑟拥有国际舞蹈艺术殿堂般的氛围，让学员们能够站在这样的舞台上去舞蹈。

天堂鸟通过不断细化分析，终于为当瑟规划出六大部分：国际舞蹈艺术中心、舞蹈延伸品、国际舞团、舞蹈商学院、国际演出、顶层策划（开舞蹈学校）。这六大部分形成了当瑟独有的一条产业链。相信根据“实体＋平台＋产品＋文化”四位一体的输出，当瑟未来有望成为中国舞蹈艺术全产业链的第一品牌。

在看世界的过程中天堂鸟还将当瑟的品牌形象设计了出来，鉴于芭蕾舞以及合作伙伴本身的个人舞蹈特质，天堂鸟设计的品牌形象是一个金色的圆形，中间有一个戴着皇冠的舞者，天堂鸟将其称为 dancer。

这个品牌形象融合了创始人的特质，添加了与舞蹈行业相关的色彩，同时皇冠提升了质感，所以得到了很多人的认可。他们认为，这是一个可以走向世界的品牌，原本的那个形象已经一去不复返，取而代之的是崭新的当瑟国际舞蹈艺术中心。

第三步是设定世界级的品牌背书。为了找到这个世界级的品牌背书，她前往外国游学，到了意大利。在意大利有一个皇家国际舞蹈协会，协会的主席询问她游学的目的，她如实回答了，主席又问她公司的总部在哪里，她回答：“中国的首都北京。”

事实证明，当初让她将总部迁到北京是十分明智的选择，因为协会的主席听到她的回答后十分开心，表示自己喜欢北京。

她不仅将自己千里迢迢到意大利的原因告诉了主席，而且表示自己这辈子就是想做这件事，说到动情处还忍不住流下了眼泪。当她将自己的情怀与愿景一一告知主席后，主席决定帮助她、扶持她，于是她顺利拿到了意大利皇家国际舞蹈协会的授权教材。随后她找了一些来自国外的教员，填充了自己的师资力量。

所以说，当你准备好一切，你需要的人和物就都会出现，这一切都是可以被吸引来的。靠什么吸引？靠的就是使命、愿景以及初心。

其中一位教员是俄罗斯人，在中国生活了十几年，但已经打算回自己的祖国了，原因是他认为中国现在不流行芭蕾舞，很多人开始学街舞、拉丁舞、民族舞等，这些并不是他擅长的。英雄无用武之地，自然就不想留在这个地方，但在她的劝说以及世界级品牌背书的影响下，这位来自俄罗斯的教员还是留了下来。

第十章

明星定位

——扩大传播面，塑绝对优势

第一节
明星代言：光速传播利器

“粉丝”经济是当下极红火的商业运作模式之一，是指建立在“粉丝”和被关注者关系上的一种创收行为，企业通过各种方式让用户对产品更有黏性，利用口碑营销获得各方面的收益。

为什么越来越多的品牌热衷于请明星代言？

现如今，国内的广告界存在这样一条定律：无论是初创企业还是老品牌，为了提升知名度、增加销量，大多会选择一个或多个明星为自己的企业站台，通过明星代言来博取关注度，从而引爆销量。

在“粉丝”经济时代，砸钱请明星来代言，可以说是当下最简单、最有效、最快速的传播方式。

这一举动在当时铸造了一个“大手笔广告”的神话，并且这个广告最与众不同的就是实现了音乐文化与企业和产品之间的碰撞与融合，这是此前从未有过的。

事实上，早在 20 世纪末期，许多国外企业就开始通过这种方式提升自己的知名度。比如，1984 年，百事可乐为了提高影响力，斥资 500 万美元邀请流行乐坛的巨星迈克尔·杰克逊为其拍摄了一组广告。如百事可乐管理层所料，广告播出后不到 30 天就引起了一阵热潮，百事可乐的业绩也开始上升，同时开启了百事可乐音乐与体育双剑合璧的时代。

随着广告的传播，百事可乐很快就翻开了全新的篇章。百事可乐一直以来都在和可口可乐抢市场，在 20 世纪 40 年代，可口可乐的市场销售额是百事可乐的三倍以上，到了 1985 年，百事可乐的市场销售额已经基本和可口可乐持平。

与此同时，我国的广告产业也开始迅速发展，从传统的纸媒向广播、电视等方向延伸。尽管我国广告业发展迅速，但并没有出现像百事可乐一样大手笔的明星代言，大多数广告都是找一些不知名的人来参演。即便这些人并不出名，甚至好多观众都不知道他们是谁，观众们还是记住了这些广告。

时至今日，还有很多人看到太极急支糖浆就会想起广告中那个被豹子追逐的白衣女孩，以及经典的对白“为什么追我”“我要急支糖浆”；也有很多人时不时拿益达口香糖早期的经典对白“你的益达”“不，是你的益达”来调侃。

近年来，很多国内著名企业和在中国的外企推广新产品的方式就是找人气偶像代言。不但如此，在国家大力提倡“大众创业、万众创新”的时刻，人们的创业热情高涨，许多新生代企业横空出世，这也拉动了一波明星代言。

有企业的出现就会有融资，而这些新生代企业的融资金额令人咋舌，动不动就是数十亿元、上百亿元融资。得到了巨额融资的创业公司花起钱来也毫不吝啬，一系列的免单、代金券、补贴等优惠活动层出不穷，而最花钱的还是明星代言活动。

2016年4月8日，鹿晗上传了一张和邮筒的合影。该邮筒位于上海外滩，很快就成了“网红”邮筒，鹿晗的“粉丝”甚至从外地赶去与其合影。合影的同时还有人将明信片投入邮筒，该邮筒收发量瞬间提升至同期的两三倍。

明星代言真的有这么大的魅力吗？答案是显而易见的。现在的人很多都喜欢追星，明星们的影响力也越来越大，那个和人气偶像明星鹿晗“合影”后成为“网红”的邮筒足以说明这一点。在这样的背景下出现了两种情况，一种是越来越多人做起了“成名成腕”的发财梦，另一种就是越来越多的公司开始找明星为自己代言。为了抢占市场、争夺用户，许多创业公司把宝压在了明星代言上，希望通过明星代言迅速提升知名度。

诚然，现今大部分人都喜欢追逐名人，在那些当红的明星背后，是规模庞大的“粉丝”群体，他们带来的流量和影响力是惊人的。所以，如果一家公司能够找到一个当红且没有负面消息的明星当代言人，很可能在短时间内提高其知名度，吸引大量消费者，从而达到提高销量的目的。

万事万物都有利弊，明星代言也不例外。如果品牌所请的代言人出现负面消息，品牌会因此受到很大影响。

用户为什么倾向于选择明星代言的东西呢？

全球品牌营销大师马丁·林斯特龙在《品牌洗脑》中阐述了这样的观点：使用由某影视明星代言的面霜、香水或是眼影都能让使用者感到与最喜欢的名人以及使用者所嫉妒的一切靠得更近。使用者把该名人的价值和特质，连同他的骄傲、态度、天赋、自我、沉着或者魅力也一并吸收了。简单地说，实际上使用者变成那位名人了——至少在他们大脑深处是这样的。

在这样一个高度互联网化的时代，目标用户群体越来越大众化。在这部分群体的世界里，明星的一举一动都可以成为他们热议的话题，并在自己的圈子里传播。明星对于年轻人的影响力不可估量，从穿衣风格到使用的产品，都可能引起年轻人的刻意追捧。为了跟上明星的脚步，这些人更加关注明星的动态，生怕漏掉了一个细节，多看、多听、多买是他们的基本功课。

毫无疑问，明星代言是一个高速传播的利器，能够在短时间内提升产品的关注度。无论是在哪里，明星都要比普通人更加吸引眼球，就算他们中的一些人放在人群里算不上出众，但只要贴上了明星的标签，就能够引来许多关注。所以一些商场开业、楼盘开盘时都会请一些明星来站台，目的就是通过他们的名气来提高关注度。

2009年，周杰伦代言爱玛电动车，其销量一直提升，其他电动车品牌的生意相比之下就差很多。

通过明星的影响力获得更高的关注度只是第一步，企业请明星代言的根本目的是提高销售额。而一个明星如果代言了一款产品，那么消费者对于他的好感就会或多或少地转嫁到品牌上，从而提升品牌的信誉度和口碑，通过“粉丝”经济转化为真实的效益。

其实明星本身是建立在“注意力经济”基础上的产物。明星受到无数人的关注和拥护，他们的人气来自“粉丝”数量，人气越高明星效应就越强，也就越能够为其所代言的产品带来更高的关注度。

但传统明星和流量明星有很明显的区别：传统明星获得人气需要有被市场所认可的作品，以作品去吸引关注，一步步积攒人气，而流量明星的“粉丝”通常都是被他们的颜值、人格魅力等方面所吸引，明星通过这些在市场上打拼，进一步回馈给市场。

不管是传统明星还是流量明星，他们吸引的大部分“粉丝”都是年轻人，而这个年龄阶段的人恰好是消费欲望最强的人。所以，站在品牌商的角度来看，聘请明星当代言人除了吸引年轻人的关注外，也是彰显行业地位、实现品牌战略升级的手段。

第二节
明星效应，提升定位准确度

什么是定位？

定位通俗来讲就是确定方位。《现代汉语词典》对“定位”的解释如下：

①用仪器对物体所在的位置进行测量。

②经测量后确定的位置。

③把事物放在适当的地位并做出某种评价。

本书所说的定位是它的第三个含义。

一家企业需要做的定位包括但不限于品牌、产品、文化、企业本身、市场等。

产品定位和市场定位的概念容易被混淆，也有人认为这两个概念没有差别，但其实它们是不同的。产品定位偏重于什么样的产品能够满足需求；市场定位则是指企业如何选择目标消费者或目标消费者市场。

产品定位发生在其设计伊始或者进行市场推广时，企业利用电视、广播、纸媒等宣传媒介进行一系列的营销，在消费者心中建立一个关于该产品的概念和形象。简单来说就是通过营销手段将产品的形象植入消费者的脑海里，换言之就是为消费者在选择产品方面提供一个决策捷径。

企业定位是指企业在消费者心中独特的个性、文化和良好形象，是通过产品和品牌，在满足消费者需求的前提下形成的附加产物，能够帮助企业树立在消费者心中的形象，最终影响其消费心理。企业定位存在“3 法则”。

“3法则”是指，在大多数行业中，如果满足法规允许且没有政策限制、没有独占权、没有特别严重的贸易壁垒、不具备特别明显的垂直一体化特性、市场所有权和管理权高度分离等条件时，行业往往会出现三个巨头抢占市场，至于剩下的市场就由其他的专业企业来填补。

从关系层次上来说，企业定位要经历的常规过程是：从品牌、产品、企业本身三者统一定位，到后来慢慢细分、演化成三个分离的个体。在细分的过程中，定位变得越来越概括和抽象，也更加突显表现理念。许多生产型企业并没有准确的企业定位，因此无法充分利用企业定位的作用。

那么，明星效应如何提升定位的准确度呢？

企业通过明星效应来提升定位的准确度，首先要做的就是“找对人”。假如你走在街上，一个满脸痘痘、痤疮的人向你推荐一款化妆品，并且极力告诉你这款化妆品如何好用，且不管它是不是真的好用，你肯定不信。

企业找代言人也一样，婚恋网站聘请代言人肯定不会选择出轨、家暴、离婚等负面新闻不断的明星；汽车品牌聘请代言人肯定不会选择酒驾、醉驾、肇事逃逸等负面新闻不断的明星。

只是没有负面信息还不够，代言人的定位还得和企业产品的定位相符。婚恋网站聘请一位大龄未婚的男青年或者女青年来当代言人，效果肯定不如聘请一对结婚数年且十分恩爱的夫妻好。

2003 年，美特斯邦威聘请了周杰伦作为形象代言人，当时的广告语是“不走寻常路”，这个广告语和周杰伦放在一起可谓“天作之合”。众所周知，周杰伦无论从外形、穿衣风格还是作品，都透露着十分强烈的个性，他本人也被很多歌迷认为是“不走寻常路”的真实写照。找周杰伦来当代言人，一瞬间就将美特斯邦威的品牌形象植入了消费者的心中。周杰伦代言再加上这句广告语，很快就让美特斯邦威打开了市场。

天梭手表聘请刘亦菲和黄晓明作为代言人也是如此，这两个人的特征都是比较沉稳、积极的，在代言人的作用下，天梭的轻熟、商务感显露无遗。

QQ 阅读在 2018 年 4 月官宣了第四个个人代言：王源。从形象上来说，王源作为“00 后”，是青少年的偶像代表。出道几年间，王源更是不断完善自我，不断成长进步，在音乐、影视剧、综艺等方面都有所建树，成为优质偶像的代表，这与 QQ 阅读的优质书籍阅读不谋而合。另外，从王源的个人成长轨迹上看，他经常参与公益事业，而且还是首位“00 后”专栏作家，这儒雅的书卷气与充满爱心的轨迹，有如源源不断的文化气息，因此 QQ 阅读选在世界读书日与王源签约，是恰到好处的。

一个个鲜活的案例阐述着明星效应对于提升定位准确性的作用。

当然了，企业想要成为世界级品牌，要依靠广告以及明星效应，有些企业聘请李连杰、周润发、甄子丹、金喜善等知名度很高的明星来拍摄广告、当代言人。但在这背后，动辄就是上百万元、上千万元，这些都要消耗企业的纯利润。一家成长型企业，假如一年营业额达到三千万元，成本就要占两千多万元，剩下的利润用来聘请明星确实可以增加关注度和曝光量，但是这样就没有资金做运营了。所以很多小企业虽然渴望自己能够聘请一个大明星来当形象代言人，但巨大的资金压力却不允许它们这么做。

小企业就没有办法利用明星效应了吗?

当然不是。

那么，小企业没钱聘请明星的问题怎么解决呢?

为了解决小企业没钱聘请明星的问题，天堂鸟推出了虚拟明星这样一个企业活化品牌、降低传播成本的核心利器。虚拟明星和真人明星不同，通过它们来进行宣传的成本要低得多，而且可以从外形、性格等各方面进行全方位包装，更加容易体现出企业的定位。虽然虚拟明星的成本较低，但是它们的明星效应也很突出，能够帮助企业快速实现品牌形象、产品定位、整体文化定位的全面落地。

或许企业能够通过很多方式来树立自己的形象，确立自己在消费者心中的定位，但对于其他方式而言，通过明星效应来进行定位确实有着无可比拟的优势。

海尔兄弟的形象，很多人都在电视和商场上看到过，它们是海尔集团的品牌代言人。为了传播这一形象，海尔集团还推出了动画片《海尔兄弟》，使海尔兄弟这一动漫形象走进千家万户，成为消费者喜欢的品牌形象。

第三节
深入情感之中

如何让发布会获得最出彩的效果，一次发布会就能实现收钱、收人、收心呢？

企业的路演框架决定了企业价值，企业只有不断延续成功的模式，才能使每一次品牌发布会都取得良好的效果，进而获得更好的发展。接下来笔者要说的就是如何去打造品牌发布会的模式。

从某种角度来讲，企业品牌发布会就是企业的路演，路演的过程必须要具备框架。

企业路演可以分为两种，一种是借道场招商，另一种是主道场招商。

1. 借道场招商

什么是借道场招商呢？借道场招商就是在别人进行路演时，你作为嘉宾上台演讲几分钟到半小时不等。简单来说就是你在别人的平台上演讲，去获得成果。

那么在这个过程中应该讲些什么呢？有人认为要讲企业

简介，有人认为要讲企业发展历程，还有人认为要介绍企业产品。这些当然要讲，但必须有框架、有条理地讲，深入情感之中，牢牢抓住受众的诉求。所以，借道场招商要从以下几点入手。

（1）投资结果。

借道场招商需要注意时间限制，由于时间仓促，根本没有时间去讲述公司的成长过程、发展经过，而且也没有必要去说这些。所以一开始就要抓准受众关注的点，毫无疑问这个点就是结果，投资能够得到什么结果是每个受众都关心的，这样就能够引起受众继续听下去的兴趣。

（2）投资风险。

投资就会面临风险，这个道理所有人都懂，但是没有人愿意将资金投入一个看起来就不安全的项目中。因此，要通过一些例子或者数据，来告诉受众这个项目很安全，让受众对项目产生好感，并产生想要投资的念头。

（3）投资政策。

上述内容都是在为最后的成交铺路，所以最后要讲的是政策。每一个项目都有自己的投资政策，但在不同的场合和环境下可以做出适当的改变，尤其是在路演现场做出调整更能吸引受众进行投资。

比如，平时招商需要交纳品牌加盟费40万元，每年还需要额外交纳共计10万元的管理费和培训费，加起来一共50万元。但是在现场，看在大家相识一场的缘分上，加盟费可以减少一半，但只开放两个名额。企业可以通过这种方式促进成交。

这就是借道场招商的三个框架，企业抓住这几个核心要点，就能够抓住受众的心，实现收钱、收人、收心。

2. 主道场招商

与借道场招商的客人身份不同，企业在进行主道场招商时是以主人的身份进行的，时间也更加充裕，通常为 1~3 天。这个时候讲的东西会比较细致和全面，就更加需要逻辑。因此笔者总结了十大框架，使情感链接更加深入，通过一条条阐述循序渐进打动受众的心，让他们认同企业的项目。这十大框架的具体内容如下。

（1）行业趋势。

行业趋势就是行业的前景、未来趋势，它可以进一步细化为三点。

首先是阐述六大赚钱行业，而自己所在的行业排名第二。

为什么说自己是第二而不是第一？树大招风，这一点到哪里都不会改变，而且说自己是第一，受众未必会相信，还有夸大的嫌疑。说是第二，性质就不同了，一是更容易让受众相信；二是显得自己谦虚；三是“仅次于第一”这个说法对受众而言也是十分具有吸引力的。另外，在阐述这个观点时，一定要进行充分的行业分析。

其次是阐述行业分类。

每一个行业都会有无数的从业者，从而诞生了无数种操作方式和商业模式，要把这些操作模式和商业模式分类处理。分类的依据可以是生产或交易的周期，也可以是产品或服务的特色，还可以是传统工艺或先进工艺。总之，一定要有一个可以区分这些企业的标准。

在对操作方法或商业模式进行细分的同时，还要阐述它们之间的区别，让受众能够明白在这些类型中哪一类最有前景、最具市场，哪一类是很快就会被淘汰的，哪一类是已经没有发展空间的。如此一来，受众就会知道机会摆在哪里，从而做出正确的选择。

最后是说明原因。

说明原因的意思就是向受众解释为什么要做这个行业。笔者站在台上时，会将自己的感受、想法和初心原原本本说出来。笔者之所以要做品牌策划，是因为二十年前就怀揣着一个成为世界上最伟大策划人的梦想，这个梦想一直支撑着笔者走了下来，这是初心。

在这样的初心下，笔者一直坚持下来，后来以策划人的身份接触了很多行业，也发现了很多产业以及自身的不足之处，见证了很多公司生存一段时间就被淘汰的事实。

笔者所在的品牌策划行业可以分为四类：

第一类是单纯设计，也就是根据甲方的喜好去做设计，赢得甲方的欢心，双方皆大欢喜；第二类是战略咨询，也就是企业发展到一定程度后，聘请咨询公司为自己构建蓝图；第三类是全案设计，也就是从项目定位开始，到项目落地、未来营销，再到品牌策划、视觉表现，甚至团队管理、绩效考核，进行全方位的策划；第四类是笔者从事的品牌策划，可以用顶层策划商业逻辑，用思维利器来看清趋势、面对竞争，也能够满足消费者的需求，同时还能实现落地。

这时笔者认为是该尽自己的使命和承担责任的时候了，迫切地想要打造一个品牌策划的逻辑、思维体系，来帮助更多的成长型企业。把品牌做好还远远不够，要做的是让品牌从“赚钱思维”进入“值钱思维”，所以这个行业值得笔者为之奋斗一生。

单纯设计的合作相对简单，但是它未必能够产生效果，它没有思维利器，不能解决行业痛点，只是满足需求，所以这一类企业的市场将会越来越小；战略咨询虽然蓝图构建得很完美，但是没有告诉合作者落地的方式，最后可能会出现“看得着，用不了”的现象；全案设计在2015年前比较受市场欢迎，然而现在需要的是专家，因此这类企业同样不占优势；品牌策划就是当下需要的。

其实这个环节不需要准备太多，只需要真实，这世上没有什么比一个人的真情流露更能得到别人共鸣，也不会有什么比真情实感更加能够获得别人的信任。

（2）投资回报。

投资回报无疑是受众最关注的事情，所以也需要有逻辑性地去讲述。首先是拿出现有数据，也就是企业发展现状，包括成本多少、成效如何等。其次是说明收回成本的时限，这里要有具体的数字，如半年、一年、一年半等。最后是告诉受众不同的店回报有所不同，也就是不同的店短、中、长期的回报分别是多少，让受众了解加盟哪个项目收益最高。

（3）运营模式。

运营模式同样是受众关心的重点，一个好的运营模式能够吸引更多人产生投资意向。在介绍运营模式时，通常可以针对三点：自动运转模式、自动裂变模式、当下模式。

自动运转模式的关键词是省心，即便企业家一直前往各个地方出差，企业也能够自动运营，实现利润倍增。自动裂变模式的关键词是省力，品牌发布会招商模式能够帮助投资者自动裂变，从一家店变成十家店、百家店，扩大经营规模。当下模式的关键词是产品优势、客户捆绑、背后产品，告诉投资者企业的产品具有哪些优势、企业与客户之间的黏性有多强、企业背后还有哪些产品，让投资者更加明白企业的运营模式。

主道场招商时可以通过这几个方面的描述，将项目的优势和便捷性传递给受众，告诉受众这是一个具有很多优势，同时又简单、容易操作的项目。

（4）未来前途。

投资者愿意将钱交到你手里，无非就是为了挣钱和前途，但如果你只是一味告诉别人“跟我干吧！我们这个行业有前途”，就缺乏说服力和吸引力。因此，在传递给受众“我们有前途”这个观念时，必须要将业绩、层级、回报之间的关系讲清楚。比如，业绩达到多少能够成为区域股东，业绩达到多少能够成为省级股东，业绩达到多少能够成为大区股东，业绩达到多少能够成为全国股东，公司上市后又能担任什么角色。通过细节化对比，告诉受众企业的未来在哪里。

可能有人认为自己不需要钱，所以不想上市，为此还搬出任正非的例子。任正非确实没让华为上市，但华为内部却是上市结构，华为其实是一家非上市的上市企业。上市是为了成就一批人，马云带领的“十八罗汉”，从上市那一刻起，都变成了超级富豪。如果不上市，这件事是不可能完成的。

符合人才概念的人需要具备两大标准，一是创新能力，二是复制能力。创新能力能够帮助企业实现不断迭代，复制能力能够让企业找到一人便得到天下。所以，人才的关键在于是否具备复制能力，如果不具备他就只能是将才，而非能够统领千军万马的帅才。

品牌是什么？信任为品，印象为牌，在消费者印象中值得信任的就是品牌。当今社会，所有的商业活动都围绕着信任展开，企业有了信任，就能够找到客户，所以这一点至关重要。

相对而言，第二种模式更能促进加盟商和企业的共同发展。盖房子时，地基很重要，它决定了这所房子能够建多宽、多高。而建筑材料同样重要，它们决定了房子的框架，没有框架的房子就算建起来了，过不了多久也会垮掉。寻找加盟商对于企业而言就是添砖加瓦的过程，如果砖瓦的质量不好，那么企业这座大楼就无法建造起来。

（5）企业品质。

企业品质彰显了品牌的力量，可以分为五点：第一点是产品品质，即企业如何实现产品持续不断地更新，同时保证产品质量；第二点是团队品质，即如何用商学院的模式培养出更多的人才；第三点是公司荣誉、称号、资质；第四点是董事长使命，这一点只针对董事长，内容包括董事长的使命、初心以及过往经历；第五点是加盟商与企业的信任关系。

（6）公司支持。

任何企业想要复制连锁，都需要总部为加盟商提供支持，让加盟商从前期准备到开门营业的一系列过程都化繁为简。连锁经营公司总部提供给加盟商的支持通常包括：选址支持、装修支持、开业前期运作支持、开业前期促销支持、经营手册支持、人员培训支持等。

招商过程中通常包括两种模式：第一种模式是没有门槛、没有考核的，只要愿意加盟都可以参加，无论后期盈利多少都没关系；第二种模式是设置门槛、设置考核的，只有达到标准的人才有加盟的资格，并且加盟后还设置考核制度，无法达到业绩就会被取消加盟资格。

（7）塑造赠品。

塑造赠品虽然不能起到决定性的作用，只是用来让加盟商们互相比赛的奖励，但是很有存在的必要。给表现优良的加盟商赠品，不仅是对他们的褒奖，也是对他们的鼓励，更是对所有加盟商的鞭策，让大家都铆足了劲努力做事业。同时也能告诉加盟商：加入我们有惊喜。

（8）现场政策。

和借道场招商一样，主道场招商也需要提供一些现场政策。比如，现场加盟可以免除一年的服务费和咨询费等，同时企业还要告诉受众这是只有少数人才能享受的优惠。

（9）找准时间。

进行路演招商时，不可能一直开放加盟渠道，而是要有时间限制，如十分钟报名、十五分钟报名等，时间要相对比较短，而且一定要严格按照这个时间来操作。正所谓“机不可失，时不再来”，这样做的目的是告诉受众：心动不如行动，行动不如刷卡。

（10）收钱、收人、收心。

现场受众纷纷选择加盟，钱到、人到、心到，这件事也就定下来了。品牌发布会的根本目的就是向外界介绍品牌、升级品牌，这也是一个十分重要的商业模式，最终目的就是让受众投资、加盟。无论受众表示自己多么看好这个项目，不去加盟对企业而言就都是“空谈主义”。到这一步，完成了收钱、收人、收心的动作，主道场招商就可以完美落幕了。

没有哪一个时代比现如今更容易赚钱，但前提是企业必须打造一个好品牌、好模式。说到底，品牌发布会也是企业与加盟商、投资者之间的情感交流会，只有深入情感之中，才能更加精准地推广品牌计划。

案例八

茶π——自成一派

不知道从什么时候开始，饮品成了人们生活中不可或缺的一部分。

而近几年，饮品市场的竞争可谓越来越激烈，时不时就会出现一个全新的品牌，让消费者们目不暇接。与此同时，也有很多品牌昙花一现，出现没多久就在市场中消失。本节要说的是在饮品市场这个风谲云诡的战场上“杀”出一片天地的品牌——茶π。

2015年，农夫山泉推出了果味茶饮品——茶π系列饮品。该系列一经上市就迅速抢占了市场，成功分摊了劲敌统一推出的茶饮品小茗同学的市场。

农夫山泉和统一同为饮品市场的领军品牌，两家企业之间的竞争关系一直存在，自2015年统一推出了小茗同学后，其别具一格的包装和名称，在市场上掀起了一阵热潮，而不甘落后的农夫山泉紧接着推出了茶π，继续保持两家公司分庭抗礼的局面。

茶π的品牌理念是“茶π，自成一派”，契合当下年轻群体敢于追求个性，特立独行、不愿随波逐流的态度。但茶π能够在短时间内成长为风靡全国市场的茶饮品，并且占据果味茶饮品领域领军品牌的地位，自然有其独到之处。

笔者将茶 π 的成功总结为以下三点。

1. 明星效应

为了让茶 π 能够后来者居上，占据行业的有利地位，也为了一炮打响茶 π 的知名度，农夫山泉没少下功夫。茶 π 一经面世，就有当时人气高涨的韩国组合 BIGBANG 为它“保驾护航”——农夫山泉聘请了该组合作为茶 π 的形象代言人。

在市场上，很多企业树立品牌都是通过偶像代言的形式，即通过明星效应树立品牌，尤其是针对年轻人而产生的产品，这些偶像无一例外都是充满正能量的，在他们身上都具有一些标签，如坚持、与众不同、前卫、果敢等。通过偶像去引导消费人群，这样的品牌屡见不鲜，但只依靠偶像的引导是远远不够的，企业必须稳扎稳打，才能占据市场。

农夫山泉给予茶 π 的定位就是为年轻群体服务，这也不难解释为什么它当时要选择 BIGBANG 作为代言人，无非是看中了该组合在年轻群体中的影响力，以及成员个性张扬的特点。此举果然成功打开了茶 π 的市场，为茶 π 在茶饮品市场站稳脚跟打了漂亮的一仗。

2017 年 12 月 19 日，农夫山泉又通过官方微博宣布它聘请了人气偶像吴亦凡作为茶 π 的品牌代言人。农夫山泉这个举动无疑引起了茶饮品市场的一股热潮。

关于选择吴亦凡作为茶 π 的代言人，农夫山泉也有自己的考量。从吴亦凡的庞大的“粉丝”数量来看，聘请吴亦凡作为茶 π 的形象代言人，自然会引起茶 π 新一轮的抢购热潮。

除此之外，农夫山泉还看中了吴亦凡对于各个方面的态度，认为吴亦凡传达的态度和茶 π 的品牌理念高度契合。无论是人气还是态度，吴亦凡都是较合适的人选。

从用户群体层面来讲，茶 π 的定位就是针对年轻群体而开发的果味茶饮品，吴亦凡本身就是一个年轻人，而且他在年轻群体中的影响力也是毋庸置疑的，让他来当茶 π 的形象代言人，能够最大限度地体现茶 π 用户群体属性。

从象征意义层面来讲，茶 π 中的“π”指圆周率，大家都知道圆周率是一个无限不循环的数字。为产品取这样一个名字，其背后的意义就是人生充满了无限可能，而且每个人都是不同的，是独一无二的，所以选择的每条路也都不尽相同。

吴亦凡的经历与茶 π 想表达的寓意十分贴近，从出现在大众眼前开始，吴亦凡就一直在实现自我突破，他一次又一次毫不犹豫甩掉了别人赋予他的标签，只想创造属于自己的人生。

农夫山泉狠下心来，斥资打造的明星效应果然取得了良好的市场反应，茶 π 的成功就足以说明这一点。

2. 迎合趋势

特立独行、个性，是市场给予产品的要求，现在的市场从来不缺乏个性分明的产物，就怕你的个性不够分明。一向特立独行的农夫山泉自然也不会去模仿别人，创新永远是成功的必经之路。

即便是茶饮品，农夫山泉也一定要独树一帜。所以无论是在风味上还是包装上，农夫山泉都做出了大胆的革新。

传统的茶饮品主要成分是茶，一贯保持清香、略微发苦的口感。因此，农夫山泉的革新体现在风味上，农夫山泉在传统茶饮品的基础上添加了水果成分，将果香与茶香自然融合，让口味变得酸甜清爽，既有茶的清香，也有水果的味道，能够满足年轻群体对于饮品的口味需求。

茶π的风味包括：柚子绿茶、西柚茉莉花茶、蜜桃乌龙茶、柠檬红茶。不同风味的饮品更加体现了“茶π，自成一派”的特色。

为了更加突出聚焦年轻群体的风格，茶π在包装上选择了清新有趣的漫画式风格。茶π在农夫山泉之前色彩鲜明的插画风基础上，采用了更加纯朴轻灵的色彩，以及手绘的剪影图案，颜色由浅及深，展现了清新怡人的风格。和其他品牌茶饮品千篇一律的外包装相比，茶π显得清新脱俗，着实让人眼前一亮，这样充满了奇思妙想的包装很快就吸引了一大批消费者。

农夫山泉不仅追求外包装的颜色和样式的新颖，同样追求质感，用严苛的工艺标准来磨砺自我。为了让用户的手感更好，茶π的外包装采用了流畅线条造型。可见，在茶π的品质上，农夫山泉也是下足了功夫。

3. 渠道为王

这是一个零售时代，销售渠道是占据市场的王道。茶 π 还有一个成功之处就是它占据了渠道，只要你想要购买茶 π，无论是走进街边的便利店还是社区的小店，抑或街边的自动售货机，都能够看到茶 π 的身影。即便是热爱网购的人，也能够在各大电商平台看到茶 π 。可以说，茶 π 已经存在于人们生活中的每一个角落。

从任何一个方面来说，茶 π 的成功都不是偶然的。事实上，在商场中，从来没有哪一件事情是偶然发生的，人们看到的所有巧合，无不是别人精心布局的结果。

第十一章

竞争定位

——做与众不同，发挥市场专长

第一节
聚焦差异，发挥优势，决战市场

产品多，需求增加，竞争对手更多，何以取胜?

商场如战场，在竞争进入白热化的市场经济时代，企业应该在董事会支持下，倾尽所有力量专注于差异化核心竞争力的构建，以迅雷不及掩耳之势找到同行竞争对手的最大弱点，抢占消费者心智资源第一的位置，创建品牌，开源节流，创造更多经济效益、社会效益和生态效益。这就是竞争定位战略，也是当下企业的维持生存之道。

其实，竞争定位就是通过调研和评估，找到自己产品和同行产品的不同点，从而确定自己发展优势的过程，即在消费者心智中建立有别于其他产品印象的过程。

在瓶装水行业，百岁山品牌可以说是后起之秀。为了与其他瓶装水区分开来，百岁山将自己定义为"水中贵族"，一下子提升了自己的档次。

差异化是产品和企业最重要的竞争筹码，主要依赖于消费者的主观判断，而且是与时俱进的。经济形势发生变化时，企业更需要重新审时度势进行竞争定位。比如，麦当劳之前的竞争定位是“儿童、营养、欢乐、卫生”，而随着大环境的变化，麦当劳的竞争定位也变为“年轻、欢乐、干净、效率”。

美国市场营销学家迈克尔·波特认为基本的竞争定位战略有以下几个要点。

1. 打造差异化优势

任何一个市场都无法避免竞争，而取胜的关键就在于产品有自己的独特优势，本质还是差异化。就好比近几年很多品牌手机都在主打美颜和拍照功能，尤其突出摄像头的像素，从前后 1600 万像素提升到前后 2000 万像素，有的还达到了 2400 万像素。但实际销售情况是，消费者更换手机的速度并没有受到这些因素的影响，反而越来越慢了。这是因为其只提高了 10%~30% 的体验功效，对消费者来说，这种体验算不上独特的差异化。

企业只有提供比以前有更多差异化或者好用很多倍的产品功效，才会真正激发消费者的购买欲。

尤其对于中小企业来说，塑造差异化不仅是竞争定位的基础，更是在缺乏市场支撑和强大营销的情况下，与大企业正面搏杀的好选择。一些企业会选择通过产品细分做差异化，但也要注意不能因此忽略消费者的真正需求，如果只是一个伪附加功能，价值不大，其对企业成长空间的拓展并不会产生太大影响。

产品的本质，是在特定场景下，什么样的消费者需要使用什么功能的产品满足自己什么样的需求。因此，差异化也应该从使用环境、人群、服务和需求上做出改变。

从根本上来说，想要自己的产品处于领先地位，差异化还是应该体现在性能、技术创新、营销模式、设计迭代和品质提升上。企业只有努力发展差异性大的产品线和营销项目，使企业的产品及营销服务等别具一格，成为同行业中的领先者，才是走好竞争定位的第一步。

2. 确定总成本领先

企业想要放大自己的价格优势，就需要在成本和销售效能上下功夫。降低成本和提高效率，是降低产品成本和价格的主要途径。消费者购买品质、功能差不多的产品时，是不会直接感知到产品的成本的，也不会关心企业的生产成本，而只会对价格进行对比，自然会优先选择价格低、品质高的产品。

总成本优势的获得，可以从控制采购成本，如大批量采购入手，从设备和人工成本入手，从改进质量和提升效率入手，从控制营销和广告费入手……

沃尔玛做广告不用明星，而是让员工出镜。其亚洲总裁到各地招商时，都是亲自拿着计算器计算，拿着尺子丈量，仓库的货要备齐3天的量……这样的精细化管理塑造了沃尔玛独一无二的成本竞争优势。

3. 聚焦战略

聚焦，就是集中，聚焦战略就是企业优化资源配置，集中所有优势着重发展个别具体市场的过程。以格力电器为例，它一直定位于专业空调品牌，把所有研发和经营活动的重心都放在空调品类上。过去十年中，当其他品牌都致力于扩展业务和多元化经营时，格力只做空调。2011 年，格力空调销售额已经突破 800 亿元大关。仅靠空调一个品类，其净利润就超过海尔和美的，格力也成为中国家电业三巨头之一。截至 2017 年年底，格力实现盈利 1234 亿元，连续 23 年中国空调业销量第一，连续 13 年在全球空调业销量第一。

在竞争更加激烈的当下，无法聚焦的企业只会顾此失彼，弱化自己的优势产品和主业。更可怕的是，同一个品牌给消费者不固定的概念，让消费者搞不清楚品牌代表了什么，又何谈占领消费者心智资源呢?

从长远来看，任何企业想要持续发挥自己的竞争优势，需要从长期经营目标开始，构建自己的竞争定位，而且越是专一执行这种竞争定位战略，其竞争优势就会越明显。

第二节
用重新竞争定位创造独特空位

2017 年，汉堡王在法国戛纳斩获“年度最佳创意营销商”大奖，算起来这已经是其在戛纳国际创意节获得的第 76 座奖杯了。同是主打汉堡及薯条的快餐，汉堡王和麦当劳的较量已经持续了半个世纪之久。尽管从品牌价值上看，麦当劳在全世界快餐品牌中名列前茅。但是汉堡王，绝对是它不容忽视的竞争对手之一。

1997 年汉堡王针对麦当劳，打出了“完胜麦当劳的美味”口号。

这两个品牌从诞生之日开始，都标榜自己是世界最畅销的汉堡品牌。到 20 世纪 70 年代，麦当劳已经稳坐全世界快餐品牌头把交椅，二者也开始了从广告到创意的针锋相对。2015 年，汉堡王的销售额较前一年上涨了 50%，而麦当劳则出现了下滑的趋势。

汉堡王之所以能够多次在广告和创意上盖过两大快餐品牌巨头，就是因为它能够紧紧把握机会，通过竞争定位，重新定位竞争对手，准确抓住竞品弱势，迅速占领消费者心智资源。

在经济环境不断变化的时代，重新进行竞争定位对于所有企业来说，是解决产品同质化竞争的基本和重要营销策略。而每次竞争定位都应该以抢占消费者心智资源为起点。关键不是你想做什么，而是你的竞争对手允许你做什么，从对手弱势上找突破口，重新确定空位。

汉堡王除了在广告上屡屡对麦当劳展开攻势，还针对麦当劳汉堡的制作方式，向消费者展示了二者对比后自身汉堡的优势。比如，汉堡王的皇堡在众多网友参与的测试中，口感上胜过麦当劳的巨无霸和其他品牌汉堡；相比油炸，火烤的汉堡肉更健康、更受欢迎；消费者更喜欢多样化口味的汉堡；汉堡王的汉堡比麦当劳的更大；等等。

汉堡王还通过一系列广告和软文投放，向消费者宣告已经有近 200 万消费者重新选择了汉堡王皇堡。汉堡王通过把自己的品牌和已有品牌大咖联系起来，站在巨人肩膀上往上爬，重新占领了消费者心智资源。也就是说，竞争定位的重点不在于自己的产品如何，而在于找到竞争产品的弱点在哪里。

实际上，品牌和产品之间的对比和竞争从来没有停歇

2015年，手机行业整体业绩下滑，此时OPPO发现市面上手机待机时间不长和电池续航能力较弱。于是，结合自身闪充优势，主打“充电五分钟，通话两小时”，迅速占领市场。到了2015年第三季度，其销量竟然超过华为，成为市场第一。

过。在碳酸饮料领域，七喜在对抗可口可乐的战役中，直接把重点放在了可乐饮料的软肋——咖啡因上。七喜从“非可乐”定位入手，巧妙把自己与竞争对手关联在一起。但是在 20 世纪 80 年代，这样的竞争定位并没能促进其业绩和销量的上升。后来七喜抓住了“年轻母亲担心孩子摄入咖啡因过多影响发育”的心理，重新定位为“不含咖啡因非可乐”，跟百事可乐和可口可乐彻底划清了界限，成功找到了自己的市场空位，并一跃成为仅次于可口可乐与百事可乐的饮料品牌。

汉堡王、七喜都通过重新定位竞争对手，进攻对手的软肋和弱项，成功创造了新的市场空间。其实，攻击的关键在于树立正面形象。但是需要注意的是，凡事都要有个度，过犹不及，一味进攻对手可能会对品牌塑造造成伤害，还有可能引发纠纷和危机。

市面上有许多皮草品牌，比如东兰皮草、金夫人皮草等。天堂鸟通过梳理发现，这些品牌并不难被消费者认识。于是天堂鸟为尊致登皮草重新设计了 LOGO 和主打高贵的品牌核心价值，使其单品销售利润有了成倍的增长。

在市场竞争如此激烈的情况下，品牌也多如繁星，不可能所有信息都能进入消费者的心智，或者都能产生购买的结果。在已经有竞品占领消费者心智的情况下，企业只有通过竞争定位，重新定位竞争对手，才能找到空位和创造空位。只要能找到并确定一个独特空位，就有机会打造一个大咖级的品牌。

第三节
四步打造竞争定位思维

竞争定位，说到底就是用自己的长处攻击对手的短处，寻找消费者心智资源空位的过程；也是在品类和品牌如此众多的情况下，发掘自己独特性优势的过程。而想要定位竞争对手，重新占领消费者心智，先得树立竞争定位思维。笔者认为可以通过以下四步打造竞争定位思维。

分析竞争对手：你的最大竞争对手是谁？其战略和目标是什么？其市场销量和业绩如何？行业总体需求如何？相对于竞争对手，你的公司最大的优势是什么？处于什么样的市场地位？

1. 分析行业环境，固定企业文化

在竞争中，只有分析好自己所处的竞争环境，对对手有充分的了解，才能在行动中做出预判。行业的经济特性、竞争环境在一定程度上决定了其未来发展前景。

分析市场规模：小市场很难吸引大公司。那么，你的市场规模是大还是小？竞争范围是地方性、区域性还是全国性？市场增长速度是快还是慢？行业处在成长期、成熟期还是衰退期？行业是被小公司细分还是被大公司垄断？

像动物世界一样，物竞天择，适者生存。企业的存活之道就是找出自己的竞争优势、竞争劣势，市场有哪些空白和机遇，存在什么样的挑战和威胁，从而不断调整和完善自己的战略，把内外部环境有机结合起来。

而企业的竞争定位需要全员参与，这也是一种集体的心理趋向。企业长期生产经营过程中形成的价值观、经营理念、言行规范就是企业文化。有了固定的企业文化，企业就有了全体员工认同的价值观和行为模式，它们与规章制度一起规范员工的行为。在激烈的市场竞争中，有了固定的企业文化，也会促进竞争定位的顺利执行。而且，在产品同质化严重的情况下，企业在产品、渠道、价格上没有任何优势时，企业文化就成为竞争定位的关键性因素。

2. 寻找区隔概念，明确表达

实现人无我有也不难，可以从服务差异化、技术创新化、差异概念化、精细化管理等方面入手。尤其是中小企业，只有重视差异化，才能培养自己的核心竞争力。

所谓区隔，就是人无我有的优势，将其发挥到极致，消费者就很容易把你的产品和同行竞品区别开来。就像虽然同为食肉动物，但是狮子、豹子和豺狼的外形、大小、狩猎方式、习性都不一样。

企业可以通过广告语明确表达产品的优势。广告是消费者直接感知产品优势的渠道，尤其是有悬念或者能引发共鸣和触发情感的表达，更有直击人心的效果。比如，戴比尔斯的一句“钻石恒久远，一颗永流传”，成功让钻石成为婚礼必备，改变了几千年来中国婚庆佩戴黄金、翡翠玉石的局面，让中国成为仅次于美国的第二大钻石消费国。

3. 确定支持点，拿下根据地

确定支持点就是给消费者足够信任的理由和依据。这样，方能在市场中立足，方能拿下一方空位作为根据地。正如婚礼上主婚人都会问："新郎（新娘），不论生老病死、富贵贫穷，你是否都愿意娶她（嫁给他），并与她（他）相伴一生？"所有夫妻都会真诚而幸福地回答："是的，我愿意。"消费者购买产品时，也希望企业能够给他们这样的承诺和安全感。

4. 注重包装和推广，引导"注册"

对产品包装进行设计，是为了在营销上突显细节优势，从而把产品卖出去，而不是为了自己欣赏。产品的主色系要符合产品的定位，包装上的文字要主次分明、简单明了，清楚表达产品的主要信息。产品的包装要直接传达其功能性，简约又不失美感，这样才能引导消费者对品牌产生联想和需求。比如，费列罗主要定位为高端巧克力，因此其在包装上采用了奢华感十足的金色，还具有一种历史感。

想要让消费者记住你的产品，就必须进行传播和推广。所谓推广，就是利用某种方法把产品广泛地传播出去。因此，对于企业来说，推广事关企业的生存和发展。其常见的方法有：深挖卖点，创造概念传播；通过策划事件，引爆市场销售；用情感俘获消费者芳心；通过渠道分销，利用口碑传播；结合本地实际情况，进行公关营销；等等。

竞争是强者更强的途径，竞争定位是企业变大变强的成长利器。能否成功找到空位，成功或是失败，都源自自己的选择，而竞争定位就是企业崛起的机会。

案例九
做自己——361° 体育用品品牌

2016 年 8 月 6 日，在巴西里约热内卢举行的奥运会上，田径裁判马蒂尼奥・诺布雷身着有 361° 标志的官方裁判服出现在五环旗面前宣誓，连续 20 秒的镜头特写给了中国运动品牌 361° 。这也是中国品牌第一次在奥运会上成为官方赞助商和支持商。这也意味着该届奥运会、残奥会、测试赛的志愿者、技术人员以及火炬手必须身穿 361° 服装。

据统计，仅 2016 年，361° 在海外就卖出了 20 多万双跑鞋，在全世界范围内，其核心品牌店铺总数达到 5808 间，年收益近 51.52 亿元。是什么让这个仅有几十年历史的企业，能够从晋江这个有着上万家服装品牌的地方脱颖而出？面对体育用品竞争激烈的红海，站在十字路口的 361° 选择不断用竞争定位来改变自己。

从 20 世纪 90 年代初李宁品牌创立开始，中国体育用品品牌本土化进程逐步展开。从 1983 年建厂到现在，361° 已经走过了 30 多个年头。1983 年，361° 创始人丁建通倾其所有筹措了 2000 元，成立了家庭作坊式的制鞋厂，每天只能生产 5 双鞋，一双卖 20 多元。他每天骑着自行车到泉州卖鞋，就这样辛辛苦苦攒了几万元。到了 1986 年，鞋厂改名为万事乐，他从台湾供应商那里买了一次成型制鞋机，成功推出了旅游鞋，每天可以生产一万双。由于鞋的保暖性好，一下子打开了东北的市场，市场份额占到了 20%。1994 年，万事乐公司更名为别克公司，开始生产品牌运动鞋。

选择别克这个名字，正是因为创始人喜欢别克汽车的子弹头 LOGO。但随着美国通用公司开始在华投资，运动鞋品牌别克不得不让位于汽车品牌别克。

到了 2003 年，仅福建晋江就有 3000 多家运动服装品牌企业，安踏、特步、康踏都是实力相当的劲敌。而当时国内运动鞋行业，高端品牌市场被 NIKE 和 adidas 长期霸占，中端市场几乎被李宁垄断，其他中低端市场几乎涵盖了所有晋江运动鞋品牌。而一个成熟的市场结构应该是中端市场占最大份额，并具有向上、向下延伸的无限可能。也就是说，当时中国本土运动鞋中端市场尚未真正进入品牌竞争阶段，还处在低水平的平行扩张期。

谁都想把企业做大做强，打造国内甚至国际一线品牌，那么该如何应对这样全新的竞争局面呢？必须重新进行竞争定位，“高开中走”地打造一个新的品牌，向 NIKE 等品牌看齐，向着国际化方向发展，走高品质、新形象的突围之路。象征着终结过去和重新出发的 361°，用明快的橙色标志再次回归市场，并很快收获了青少年消费者认同。

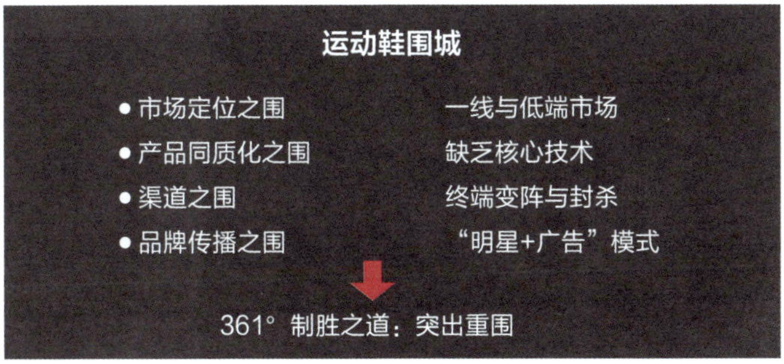

361° 市场分析及策略

分析竞争对手的优势，寻找空位，从设计和品牌形象上比肩 NIKE，打造 361° 国际形象。NIKE 功能定位于为热爱运动的人提供专业运动装备，而国内一线运动品牌李宁则在运动与休闲的定位间摇摆不定，其购买者多为二线城市中等收入者，非体育用品重度使用者。定位在专业运动品牌估计是所有运动品牌的终极梦想，但是 NIKE 努力了几十年才做到走上世界舞台，以目前 361° 的实力，短时间内尚不具备成功的可能性。而单纯走休闲，又会与其他鞋品类相冲突，偏离了专业，消费者可能不会买账。

因此，361° 决定另辟蹊径，从时尚入手。在一个充满了无限运动热情的时代，运动可以说是一种时尚文化。于是，361° 在专业运动的定位上，加入了时尚个性元素，以运动的名义卖时尚。

问题又来了，如何借助广告完成品牌在消费者心智资源中的“注册”呢?

猎豹，可以说是陆地上跑得最快的动物，它极强的奔跑能力正好符合 361° 运动鞋速度性能的象征；猎豹也是动物世界极佳的捕猎手之一，瞄准猎物、追逐、撕咬最终成功捕杀的概率在 50% 左右，有目标、有充足的行动力，这正好契合 361° 运动鞋在竞技、运动上面的本质与优势；猎豹爆发力极强，时刻充满活力和斗志，像极了年轻人，正好与 361° 运动鞋目标消费群不谋而合。

361° 还需要找到一句超级口号，促进 361° 运动鞋的品牌传播。经过反复研讨，361° 确定了自己的核心价值——勇敢做自己。而对于消费者来说，其实每个人心中都有像豹子一样的原始能量，不断鼓舞自己，勇往直前做自己喜欢的事情。于是，就有了一句耳熟能详的经典广告语“唤醒你心中的豹子”。

而这些还是不足以让 361° 在国内外各大品牌中立足，运动鞋品质好才是最有力的证明，产品最大的差异化和优势还是在于技术。如何才能突显创意、延续产品优势，又把原有的卖点和新品牌成功无缝连接呢？怎样才能创造一个新产品的概念呢？这时猎豹又激发了企业灵感，那就是利用仿生学。

→ 仿生学是使用技术模仿动植物功能的学科，它将生物过程和结构应用于未来设计。

猎豹的掌纹结构，是保证其快速平稳落地的关键，其流线型的身体结构、向上弓起的脊柱让其步频高、步距大，这竟然和 361° 运动鞋功能有相似之处。361° 运动鞋的核心卖点和技术诞生了：豹掌式弹性后跟，模拟猎豹着陆，分散冲击力，强力减震，保护跟腱，轻松保持助跑姿势，鞋身采用超轻太空纤维，更透气。

在传播上，361° 抓住各大体育赛事赞助转播的机会，相继赞助了中国乒乓球俱乐部超级联赛、厦门国际马拉松赛、中国大学生篮球超级联赛等一系列赛事，不断提升其品牌公信力和曝光度。361° 借助亚运会、奥运会迈向世界大舞台。361° 还通过赞助各大热门选秀节目，与腾讯网合作搞互动营销。2005 年伊始，《福布斯》中文版的“2005 中国潜力 100 榜”中，361° 名列榜首。2006 年，361° 更是选择与中国中央电视台合作，将其营销平台和品位又带上了新高度。

2018年361°又配合《侏罗纪世界2》联合推出童装系列产品，打造有趣、个性、活泼、充满生命力的差异化儿童品牌。

而在终端市场的选择上，361° 的圈地运动更是大刀阔斧。一方面，在数量上它全方位抢占中国各大中城市人流密集的商业街和 A 段旺铺；另一方面，在质量上它更注重单店销售与服务形象的打造。似乎一夜间，361° 从一个乡间小野丫头摇身一变，成了热情、个性的时尚大咖。

截至 2017 年年底，361° 在 2017 年的营业收入达到了 51.58 亿元，净利润同比增长 13.4%，成为中国体育用品品牌中“既叫好又叫座”的品牌之一。

361° 用短短十几年时间，从小作坊成长为中国民族体育用品一线品牌，是什么书写了这段传奇？

361° 的成功，在于成功的竞争定位，在于技术和执行力。给品牌树立核心价值和优势，迅速找到空位，立刻传播开来，让全国消费者都认识它。

后记

所谓定位，就是定方向、定位置。对于国家而言，无论任何时期和阶段都需要确定发展目标；对于企业而言，无论处于什么阶段都需要确定品牌与产品的发展方向和市场定位；对于个人而言，无论身处何处都应该根据不同的环境做好自己的角色定位。

定位的本质不是对现有产品和品牌进行梳理，而是对潜在消费者心智资源的攻陷，是让消费者明确感受到该产品与市场其他同类产品的差别，并在消费者心智中占有特殊位置。而本书中的颠覆定位，就是不在行业内定位竞争对手，而是助推企业突破已有框架、延长生命周期、实现品类的差异最大化。

纵观过去的十年、二十年，没有任何企业的发展是一往无前的。而一直存活到现在的大型企业，像小米、阿里巴巴、腾讯、百度都一直走在不断自我颠覆、不断重新定位和变革的路上。

在当今经济环境下，不存在所谓的传统行业，也没有真正的新兴产业，只是看哪些企业能够跟上时代的节奏，哪些企业敢于对自己开刀、进行自我改革。

颠覆 定位

在过去的十年，中国经济到底经历了哪些变化？这些变化还未结束，都在进行时：互联网出现之前，媒体进行的是单向传播，而如今在微信、微博等社交软件盛行的环境下，传播变得更趋于社交化；消费受众群不再是大众，行业品牌彻底具象化；渠道突变、审美突变，中国风传遍世界，新中产阶层诞生。

面对还在延续的变化，企业能做的就是积极应对，并要具备以下能力。

1. 颠覆定位的能力

面对产品同质化、产能过剩的形势，能够突出重围、赢在中国、走向世界的企业不是依靠把产品销售出去得以站稳脚跟，而是依靠在产品决策之前认清自己的优势、弱点，自破自立；不是靠与同行正面厮杀、抢占市场份额，而是靠不停地自我完善、自我攻击，围绕战略定位和矫正自己来不断占据消费者的心智资源。

2. 重新思考核心技术与资本关系

有核心技术的企业就能长存百年？当然不是。你的产品核心技术更新了吗？创新了吗？面对市场不断出现的新产品，企业除了需要维护好与消费者的关系，还需要做好资本灵活运作、设立产业基金，不断形成阶梯形护卫，对企业组织进行全方位解构。

3. 重新构建组织形态

未来的企业可能都会形成组合型蜂窝式结构，小蜂窝消亡的同时组织在不断产生新的裂变。蜂窝的内部依靠的是企业文化、资本、人才的支撑。只有坚持资本化、团队化、定位化，企业才会永葆生机。

伟大的人类历史学家汤因比曾表示：对一次挑战做出了成功应战的创造性的少数人，必须经过一种精神上的重生，方能使自己有资格应对下一次、再下一次的挑战！

尽管在创业革命中，有 80% 的品牌都会消失，但是笔者相信，我们能够在颠覆定位中，经受住时代的考验和挑战。

颠覆定位、重新定位都是在聚焦消费者心智，通过品牌定位、触动消费者、引发共鸣来吸引消费者。